JN217884

世界で一番やさしい

会議の教科書

実践編

「8つの基本動作」で
劇的に変わる
会議ファシリテーションの
極意を伝授

榊巻 亮

日経BP社

# はじめに

3万時間——。あなたが生涯で会議に費やす時間である。この途方もない時間を想像したことがあるだろうか。1日10時間活動できるとしても、約8年分になる。大事なので、もう一度言う。ビジネスパーソンは貴重な人生の時間を、8年分も会議に捧げているのだ。

こんな書き出しで始まる私の前著『世界で一番やさしい会議の教科書』を補完し、会議ファシリテーションスキルを**8つの基本動作**に分解して解説したのが本書（実践編）である。

世界で一番やさしい会議の教科書では、入社2年目の若手社員が小さなことから「グダグダな会議」を変えていく姿を、ビジネス小説仕立てで描いた。日常の会議の情景をできるだけリアルに描き、「理想の会議とはどんなものか」「何から変えればよいのか」を具体的にイメージできるように、細心の注意を払ったつもりだ。

私たちが普段行っている**普通の会議**の日常的な描写を通して、小さなことから会議が徐々に変わっていく様を前著では疑似体験してほしかった。小説での疑似的な変革体験が、現実世界で会議変革の行動を起こすキッカケになることを期待した。

この試みは十分に成功したと思っている。読者からは「会議を変えるために、一歩踏み出せた」「会議の終了条件を確認しただけで、スパッと会議が終われた」といったコメントを、本当に多くいただいた。

どんなことでもそうだが、変わるために一歩踏み出すには非常に勇気がいる。それを微力ではあるが、後押しできたのは本当にうれしい。会議におけるファシリテーションの必要性を実感できたら、次は実践し、定着させていかなければならない。そのためには体系立ったファシリテーションスキルの理解が欠かせない。しかし、世界で一番やさしい会議の教科書は小説としての文脈を重視し、入社2年目の若手社員でもできる話に注力したため、網羅的な解説まではできなかった。

## ファシリテーションの8つの基本動作

　そこで本書は会議ファシリテーションを体系立てて整理することに主眼を置いた。前半では、会議ファシリテーションの論理をきちっと理解できるように、前著のような小説ではなく解説書の形式を取った。世界で一番やさしい会議の教科書でも登場した複数のファシリテーションスキルを体系的にまとめ、ストーリー仕立てでは説明しきれなかった理屈や方法論も加えて、会議ファシリテーションの8つの基本動作を提示した。まずはこの基本動作を順番に1つずつ実践していってほしい。

　8つの基本動作を読めば、世界で一番やさしい会議の教科書で登場したスキルを総ざらいできる。また、「何をすべきか」だけではなく、「なぜやるべきか」を丁寧に解説した。「なぜやるべきか」を理解できれば、手段は自由に選択できるようになる。つまり、会社や組織ごとにアレンジが利くようになる。

　本書で特に力点を置いたのは、私たちが日常行っている「普段の会議」を変えていくためには、どうすればよいかだ。というのも、ビジネスパーソンであれば誰しも、「会議を何とかしてくれ」「会議が長い」「時間の無駄だ」と、多かれ少なかれ、みんな不満を持っている。

　人生の3万時間を会議に費やす以上、日常の会議をより良いものにしたいと思わない人はいないはず。だから具体的で誰にでもできる基本動作の紹介に強くこだわった。


## よくある18の困り事

　さらに後半では、8つの基本動作の応用編にページを割いた。まず、ファシリテーターの7つの心構えを述べる。そのうえで、現場でよく見かける18の困り事を軸に、それぞれの事象にどう向き合ったらよいか、対策を記した。ここでは、最近増えている非対面の会議やオンライン会議も含めて解説している。もちろん、机上論ではなく、実際の会議の現場で

培ってきた、実体験に基づく対策だ。これらの対策も基本動作と同様に、やるべきことは決して難しくない。度胸や勇気の問題の方が、はるかに大きいかもしれない。

## ファシリテーションスキルの定着のさせ方

　最後に、会議ファシリテーションをどうやって組織に根づかせていくかについて触れている。**定着の4段サイクルと浸透の6つのパターン**がそれだ。世界で一番やさしい会議の教科書で描いた、入社2年目の社員が少しずつ会議を変えていく方法は一例でしかない。トップダウンが利く場合もあるし、中堅社員が奮起する場合もあるだろう。状況に合った会議の変え方を選択できるように、複数のパターンを提示した。

　世界で一番やさしい会議の教科書と本書（実践編）は当然関連しているが、それぞれ単独で読んでも問題ない。世界で一番やさしい会議の教科書は、会議を変える大事さや変わることの実感を伝えることに注力したのに対し、本書は実際に会議を変えようと思ったときに力になれるよう、体系的なスキルの習得や組織に合った変え方、始め方を紹介している。
　2つの本は重複する内容も多くなるが、それでも本書で改めて、会議ファシリテーションを体系的に整理することには価値があると考えている。
　「ファシリテーションとは何か？」「ファシリテートされた会議とはどんな感じなのか？」と思っている人はまず、世界で一番やさしい会議の教科書から読むと理解が深まるだろう。一方、ファシリテーションに興味はあるが、「何をすればよいのか？」「ファシリテーションについて、ある程度は知っているが、現実の会議でどう振る舞えばよいのか？」を知りたい人には、本書をお薦めする。十分なヒントが得られるはずだ。片方だけ読んでも全く問題ないが、2つを併せて読むと、会議ファシリテーションに対する理解が格段に深まるだろう。
　世の中にはファシリテーションの書籍が数多く存在する。しかし、本書

ほどビジネス現場の会議に寄り添った、泥臭い本はほかにはないと自負している。私個人の経験だけではなく、私が所属するケンブリッジ・テクノロジー・パートナーズのコンサルタントたちが長年積み上げてきた「現場のファシリテーションノウハウ」がぎっしりと詰まっているからだ。日常の会議をファシリテーションする際に、本書以上に役立つ本はないと確信している。さて前置きはこのくらいにして、早速中身に入っていこう。

# 世界で一番やさしい会議の教科書 実践編 目次

# 第 1 章

# 「会議ファシリテーション」とは何か

この章では、そもそも「会議ファシリテーションとは何か」をまず確認する。ここ数年、急激にファシリテーションという言葉の認知度は上がっている。だが抽象度の高い言葉だけに誤解も多い。「ファシリテーションって、会議の司会のことじゃないの？」「ファシリテーションする人って、自分の意見を言っちゃいけないんでしょ？」なんて話をよく聞く。でもそうではない。

## ファシリテーションの起源を知る

　ファシリテーションを直訳すると**容易にする、促進する**という意味になる。では、何をどうやって促進するのか。起源を遡ってみよう。

　ファシリテーションは1960年代後半に、米国の社会活動のなかで生まれたといわれている。体験学習や福祉活動のなかで、立場や価値観が違う人たち同士のコミュニケーションを容易にする手法として有効だった。社会心理学者が実験やヒアリングで使っていた手法を応用したともいわれている。

　社会活動にはバックグラウンドが異なる様々な人たちが集まってくる。主婦もいれば、会社の社長もいる。そんな状況で、価値観が異なる人たちを束ね、1つの目的に向かって活動を進めるのは簡単ではなかった。だから目標達成を「容易にする、促進する」技術が重宝された。それが後に、ファシリテーションと呼ばれるようになった。

　やがてファシリテーションは、ビジネスの世界で応用されるようになる。ビジネスミーティングでの相性が極めて良かったからだ。特に多様な人種や価値観を持つ人が集まる環境のなかから、新しいビジネスを生み出すには、ファシリテーションの技術が有効と分かった。どちらが正しい、間違っているというディベートの世界ではなく、より良い第3案を生み出してサービスを育てていくには、ファシリテーションの技術が必須だった。

　1990年後半になると、いよいよ日本にファシリテーションが上陸する。そのころに、日本ファシリテーション協会の初代会長である堀公俊氏や、ビジネス・ブレークスルー大学の森時彦氏らによって、「ファシリテー

ションとは『場を作る』『意見を引き出す』『整理して構造化する』『まとめる』という、4つのスキルで成り立っている」と定義された。

最近はファシリテーションという言葉がすっかり定着したが、その割には誤解も甚だしい。

「司会をすること＝ファシリテーション」ではない。「ワークショップやパネルディスカッションの進行をすること＝ファシリテーション」でもない。まして「会議を運営すること＝ファシリテーション」でもなければ、「付箋を使って何かをすること＝ファシリテーション」でもないのだ。「中立であること＝ファシリテーション」でもない。

ファシリテーションの本質はそういったものではない。ファシリテーションとは「ゴールを達成するために、人々の能力を最大限に引き出す技術」のことである。例えば、ワークショップには必ずゴールがある。そのゴールをスムーズに達成するため、参加者の能力を最大限に引き出すことがファシリテーションになる。

会議にも当然、ゴールがある。そのゴールを達成するためにファシリテーションが必要なら、会議の司会進行をしてもよい。ただし、ゴールの達成を強く意識した司会進行をしないと、ファシリテーションをしたことにはならない。

## ファシリテーションにはゴールが不可欠

だから、ゴールがない活動をファシリテーションする（容易にする、促進する）ことはできない。逆に言えば、ゴールがある活動なら、何でもファシリテーションできる。

会議に限った話ではなく、各種タスクやプロジェクト、グループ学習など、ゴールがある活動には何でも、ファシリテーションの技術を適用できる。どんな活動においても、「ゴールを達成するために人の能力を最大限に引き出す」のがファシリテーションだ。

つまり、ファシリテーションの適用範囲は非常に広い（図1）。例えば、

**図1　ファシリテーションの適用範囲**

| ファシリテーションの対象 | ゴールイメージ |
| --- | --- |
| 企業／事業のファシリテーション | 中期経営計画を予定通りに達成する |
| プロジェクトのファシリテーション | 予定通りのQCDでプロジェクトが完了する |
| 会議のファシリテーション | スパっと結論が出て納得感がある |
| タスクのファシリテーション | タスクが期限通りに完了する |

QCD：品質・コスト・納期

タスクのファシリテーションは「与えられたタスクを期限通りに完了させるために、何をするか」ということになる。同じように会議のファシリテーションは「結論がスパっと出る、納得感がある会議をするためには、何をするか」だ。

　プロジェクトのファシリテーションは「予定通りのQCD（品質・コスト・納期）でプロジェクトを完了させるために、何をするか」である。事業のファシリテーションは「中期経営計画を予定通りに達成するために、何をするか」となる。そういう考え方である。

　どんな活動をファシリテーションする（容易にする、促進する）かによって、やるべきことは変わってくる。プロジェクトのファシリテーションには、プロジェクトファシリテーションのセオリーがある。同じように、会議のファシリテーションには会議ファシリテーションのセオリーがある。

　何の活動をファシリテーションするのか。そして、どんな状態を作るのがゴールなのかを考えると、ファシリテーションを正しく理解できる。ファシリテーションやファシリテーターという言葉を聞いたら、「何をファシリテートするのか？」「何の活動のファシリテーターなのか？」をまず考えてもらえるとうれしい。そして今回は当然、会議のファシリテー

ションがテーマである。

## ファシリテートされた会議は「全員参加型」

　ゴールを達成するために会議をするのだが、会議の運営には大きく2つの方法がある。1つは、特定の有識者があらかじめ答えを用意し、参加者を引っ張ってどんどん決めていく「指導者型会議」。もう1つは、参加者全員が個々の役割を担い、全員で結論にたどり着く「全員参加型会議」。後者がファシリテーション型会議のイメージだと思えばいい。

　2つの会議にはそれぞれ特徴がある。例えば、指導者型会議はこんな感じだ。

---

**[指導者型会議の特徴]**

・有識者がほぼ1人で結論を決めてくるので、会議の速度が上がる（短期的には効率的）

・有識者がほとんど決めるので、参加者の納得度は高くない（参加者の主体性は失われるが、有無を言わせぬトップダウンが利くなら、事は早く進む）

・有識者がほとんど決めるので、有識者の能力以上のものは作れない

---

　それに対して、全員参加型会議（ファシリテーション型会議）はこんなイメージだ。

---

**[全員参加型会議の特徴]**

・全員から意見を引き出して合意形成するので、時間がかかる（短期的には非効率）

・参加者が主体となって議論を進めるので、納得感が高まる（参加者の主体性と推進力が生まれるので、トップダウンを利かせなくても

自走していく）
・個人の能力が会議の上限にはならない。1人で考えた案よりも良い
　案が生まれやすい

　企業活動にはどちらの会議も必要だ。災害対応など緊急事態には指導者型会議が必須だろうし、中長期的な活動や新しいものを生み出す活動には全員参加型会議の方が有効だ。状況によって、両者を使い分ければよい。

　ただ、本当に優秀な有識者（経営者やリーダー）は限られる。そんな人材は社内になかなかいない。だからこそ、全員参加型会議が求められる。

　今ある限られた戦力でゴールをスムーズに達成するには、個々人の能力を最大限に引き出し、1＋1が3にも4にもなるように、チームワークを発揮する必要がある。そうした全員参加型会議をうまくやる方法がファシリテーションという技術なのだ。

　全員参加型会議をするなら、1人の有識者が頑張る必要はない。むしろ1人だけが頑張れば頑張るほど、ほかの人の能力を最大限に引き出すことはできなくなる。参加者の主体性が失われるからだ。

　ファシリテーションは1人の有識者が結論を導く手法ではない。会議に参加している全員が、自分たちで結論にたどり着くための手法である。

## 会議で参加者を迷わせない

　そのためには、会議の参加者が迷わずに議論できる環境を作ることが欠かせない。ファシリテーションとは「会議に参加している人を迷わせない技術」ということもできる。

　会議の参加者が「なぜこの議論をしているんだろうか」「どんな発言をすればいいのか」「この議論はいつ終わるんだろう」などとモヤモヤしていると、自律的な行動は期待できないし、個々の能力は十分に発揮されない。当然、チームワークも生まれない。

　逆に、やるべきことがはっきりしていて迷いがなければ、参加者は自律的に動いてくれる。参加者が指示待ちではなく、自分たちで考えて主体的に動いてくれるようになる。そうなれば放っておいても、自然にゴールを達成できるはずだ。参加者が勝手にゴールに向かって走っていける状態。これこそが会議をファシリテートしている状態といえる。まさに「容易にする、促進する」という語源にふさわしい。

　つまり、ゴール（成果）そのものを作るのではなく、参加者がゴールに向かって迷わず、最短距離を走れる状態を作ることが、ファシリテーションの極意なのだ。

**第1章の まとめ**

## ファシリテーションは 人の能力を引き出す技術

　ファシリテーションの概念を正しくとらえるのは難しく、誤解も多い。司会進行の技術ではないし、付箋を使う技術でもない。ゴールを達成するために、人々の能力を最大限に引き出す技術だ。しかし、あまりにも概念的な言葉なので、イメージがつかみづらいのも確かである。

　そこで、第2章以降で解説する具体的な手法を読み終えた後に、再び第1章を読み返してほしい。きっと理解が深まり、腹に落ちるはずだ。

# 8つの基本動作と
# 「確認する」ファシリテーション

ここからは、具体的なスキルの解説に入っていく。本書では、ファシリテーションのスキルを「8つの基本動作」に分解して整理した。この8つの基本動作が本書で最も伝えたいことだと理解してもらっていい。それくらい、会議を変えていくうえで大切なものだ。8つの基本動作は、大きく4つのファシリテーションスタイルに分類される。

**表1　8つの基本動作とファシリテーションのスタイル**

| 基本動作 | ファシリテーションのスタイル |
| --- | --- |
| 基本動作① 終了時に、決まったこととやるべきことを確認する<br>基本動作② 開始時に、会議の終了条件を確認する<br>基本動作③ 開始時に、時間配分を確認する | 「確認する」<br>ファシリテーション |
| 基本動作④ 会議中に、議論を可視化する | 「書く」ファシリテーション |
| 基本動作⑤ 会議前に、準備する | 「準備する」ファシリテーション |
| 基本動作⑥ 会議中に、全員から主張を引き出す<br>基本動作⑦ 会議中に、対話を促し合意形成する<br>基本動作⑧ 会議後に、振り返りをする | 「矢面に立つ」<br>ファシリテーション |

　表1が8つの基本動作の全体像を示している。順に説明していくが、まずはこの8つの基本動作を頭に入れ、何度もこの表を見返しながら、本書を読み進めてもらいたい。

　ファシリテーションというと、基本動作⑥「会議中に、全員から主張を引き出す」や、基本動作⑦「会議中に、対話を促し合意形成する」をイメージするのが普通だ。

　しかし、基本動作①〜⑤が先にあって初めて、⑥と⑦が生きてくる。基礎の上に少しずつ応用を積み重ねていくことが重要だ。実践する難易度も、①の方が低くて簡単。番号が上がるにつれて、難しさも上がっていく。基本動作①から1つずつ、着実に実践してもらいたい。

## 「確認する」ことの大切さを体感せよ

　第2章は「確認する」だけのファシリテーションを紹介する。基本動作

①〜③の部分だ。

　ファシリテーションというと、会議で参加者の前に立ち、司会者のように振る舞うことを想像するかもしれない。だがそうではない。会議がスムーズに進むように、あらゆる手段を講じるのがファシリテーターの役割である。司会をすることで会議がスムーズに進むなら、そうすればよいだけのことだ。

　しかし、もっと簡単な方法がある。要所要所で「確認する」という動作をするのだ。確認がクサビとなり、手戻りがないスムーズな会議ができるようになる。

　では、何をどのタイミングで確認すれば、効果が出るのか。基本動作①〜③を1つずつ解説していこう。

## 基本動作① 終了時に、決まったこととやるべきことを確認する

 **なぜこの基本動作が必要か**

　会議が終わった後、「結局、何が決まったんだっけ？」「なんかモヤモヤするなあ」と感じたことがあるはずだ。混沌とした会議ではよく起きる現象である。何かを決めるために行われているはずの会議で、「決まったことがよく分からない」というのは致命的と言わざるを得ない。

　どんなにスムーズに議論が進んでも、決まったことが不明確だったら、グダグダ会議と呼ばれても仕方がない。逆に決まったことが明確だと、それだけで会議の雰囲気は引き締まる。

 **やるべきこと**

　では、どうすればよいか。答えは簡単。会議の終了時に、決まったこととやるべきことを確認すればよい。終了直前に「決まったことは××、やるべきことは△△ですよね？」と、一言確認する。ただ、これだけだ。

　普通に考えると当然のことなのだが、日常の会議では決まったことの確

認は、ほぼ行われていない。なぜなら、決まったことなどをわざわざ確認しなくても「みんな分かっている」と思い込んでいる人が多いからだ。「そんなことをイチイチ確認するなんて、お前は話を聞いていなかったのか？」などと上司に叱られるのが嫌な人もいるだろう。

　しかし参加者のなかには、決まったことを聞き逃している人がいるかもしれない。決まったことを勘違いしている人もいるかもしれない。決まったことを忘れてしまった人までいるかもしれない。実際に相当高い確率で、そうした人たちがいる。

　会議の最後に決まったことを確認するだけで、参加者の状態に依存せず、会議の結論を誤解なく全員に染み渡らせることができる。仮に参加者が話を聞いていなくても、聞き漏らしていても、忘れていても、最後に全員の状態をそろえられればいいのだ。

　決まったこととやるべきことを確認するのは、自分のためではない。その場にいる全員のためなのである。これが最も簡単なファシリテーションといえるだろう。

**最後に一言確認する**

イラスト：仲平 佐保

## 押さえるべきポイント

　決まったこととやるべきことを確認する際には、以下の3点を気にかけておくと効果的だ。難しいことではないので、頭に入れておこう。

## 1.やるべきことは「担当者」と「期限」をセットで確認する

　やるべきことが決まっていても、担当者（誰が）と期限（いつまでに）までバシッと決まっていることは、実はまれである。ところが担当者と期限が決まらなければ、やるべきことは実行されない。

　担当者と期限は、会議のたびに毎回確認する必須項目だと意識しておこう。この2つを丁寧に確認してくれる人は、それだけで重宝される。

## 2.議論の流れをダイジェストで振り返る

　会議の終わりには、簡単な振り返りが必要だ。目安として1時間半の会議なら、最後に15秒程度で議論全体の流れを振り返る。「今日の会議は課題意識の共有から始まって…教育の現状についてまで議論しました。認識が合ったところで改善方針の案が出て、A案は懸念が多かったので、C案を中心に進めることで合意できました」といった感じで振り返ればよい。

　その後に、決まったこととやるべきことを、さらに15秒ほどで確認する。たったこれだけのことだが、議論の流れをダイジェストで振り返っておくと、圧倒的に頭の整理がしやすくなる。

　さらに、今日の会議そのものが有意義なものだったか、もっと改善した方がよかったのか。そんなことを考えるいいキッカケになる。ぜひとも振り返ることをお勧めしたい。

　余談だが、振り返りを若手に任せると人材育成の効果が大きい。会議の流れを見ようとする意識が高まるだけでなく、内容を要約する力も付くからだ。

## 3.決まっていないことも確認する

　決まったことの裏には、決まっていないことや次回の会議で決めることもあるはずだ。それらも合わせて確認しておくと一層理解が深まる。

　例えば、「今年度の営業方針は××と決まりました。一方で、資料を作る人や営業拠点への伝達方法は決まっていませんね」とか、「新入社員の教育担当者は××さんと△△さんに決まりました。決まっていないのは、

いつから教育担当者が動き始めるかと、具体的に何をするかですね」。こんな感じだ。

## 始め方のヒント

　やるべきことは簡単で単純明快なのだが、いざ実践しようとするとハードルが高いことに気づく。どうすれば、無理なく確認を始められるのか。ヒントをお伝えしよう。

 【あなたが会議を仕切るなら】

　あなたが会議を仕切る立場にあるなら、確認は比較的始めやすいかもしれない。「念のため、決まったことを確認しておきましょう」と、最後に切り出せばいいのだから。

　繰り返して言うが、確認するのはあなたのためではない。その場にいる全員のためだ。あなたが決まったことを理解していたとしても、ほかの人はそうとも限らない。だから、しっかり確認する必要がある。

　若手社員に「終了時に決まったことを確認してもらいたい」と事前に頼んでおくのもいいだろう。そうすれば若手には会議の緊張感を与えられるし、議論に集中しやすくなる（寝てなどいられない）。

　大事なことは、毎回徹底して確認すること。やったりやらなかったりでは効果が半減するし、何より定着しない。そして、すぐにやらなくなる。会議の終了時に決まったこととやるべきことを確認することが全員の習慣になるまで、しつこく実施してもらいたい。

 【あなたが会議の参加者なら】

　あなたが会議を仕切る立場ではなく、参加者の1人だとすると、会議の終わりに決まったこととやるべきことを確認するように促すのは、抵抗があるかもしれない。そんなときは手を挙げて、こう言えばいい。

　「念のため、私の理解が合っているかを確認させてもらいたいのですが。今日決まったことはこれとこれで、やるべきことはこれ、という認識で合っていますか？」

　これくらいなら、会議の末席に座っている若手にだって言えるはずだ。その場合は、とにかく恐縮してみせて、「いやあ、自分の理解が足りなくてすみません」くらいの雰囲気を漂わせながら確認すると言い出しやすい。会議のリーダーのプライドを傷つけずにも済む。とにかく下手に出る。冗談のように思えるかもしれないが、これも組織では大事なことである。

　事前に会議のリーダーに話を持ちかけておくのも有効だ。「最後に決まったことを確認して、ほかの参加者に念を押したいと思うんです。話をちゃんと聞いていない人や勘違いしている人もいるんじゃないかと思いまして」「会議の最後に私に話を振ってもらえれば、さっと決まったこととやるべきことを確認しますよ」と話しておく。1人でも味方になってくれる人がいると、とても行動しやすくなる。

 **実際の例**

　私が同席したあるプロジェクトでの出来事。そろそろ会議が終わろうかというタイミングで、こんなことが起きた。私の隣には、一番若いメンバーの高野さんが座っていた。彼が熱心にメモを取っているのを見て、私はそっと声をかけた。

**榊巻**「決まったことをメモしているんですね」
**高野**「ええ、ちょっと自信がない部分もあるんですけど。一応、自分の記録として」
**榊巻**「じゃあ、思い切って、決まったことを確認しちゃいましょう。自信がない部分もあるんでしょ？」

高野「えっ、この場でですか？無理ですよ」

榊巻「大丈夫、大丈夫。えーと、みなさん、すみません。今日の会議では色々な話が出たので、最後に高野さんから、今日決まったことを確認してもらいたいのですが、よろしいですか？」

上司「おお、いいよ。高野、確認してみなよ」

高野「では確認します。決まったことは××と△△。保留になっているのは□□。これで合っていますか？」

　高野さんは「榊巻さんは強引な人だなあ」という顔をしながらも、確認を始めた。その途端、ほかの参加者から、実に様々なコメントが飛び出した。

参加者A「やるね。合っているよ」

参加者B「え？ちょっと待って。△△はまだ決まっていないでしょ。継続議論と理解していたんですけど」

参加者A「何言ってんだよ。さっき話したじゃないか」

参加者B「そもそも今日決まったことを誰がやるのか、決めていないじゃないですか」

　高野さんと私を置き去りにして、会議は最後に大いにモメた。そこでもう一度、全員で決まったことを再確認し、その日の会議は終了した。

高野「結局、私の理解で合っていましたね。ほっとしました」

榊巻「ホントですね。それにしても、最後にかなりモメたなあ。確認してよかったですね」

高野「ええ、確かにそうですね。度胸はいるけれど、確認してよかったです。あのまま終わっていたら、どうなっていたことか」

榊巻「次回も決まったことの確認、お願いしますよ」

　実際に起きた会議でのやり取りを忠実に再現してみた。たったこれだけのことだが、実行しようと思えば、度胸がいる。でもやった方が絶対にいいのは、誰が見ても明らかだと分かったはずだ。

### 基本動作①のまとめ
### 参加者の理解は曖昧だから確認する

　第2章ではまず、基本動作①を解説した。だまされたと思って、明日の会議の最後に、決まったこととやるべきことを確認してみてほしい。私の経験上、5回に4回は、確認したときにモメる。それだけ参加者の理解はあやふやだし、そもそも決まりきっていないことが多いのだ。

　1時間半程度の会議で、最後にたった数十秒、決まったこととやるべきことを確認するだけで認識のズレを解消できるなら安いものだろう。毎回、必ずやってほしい。そして続けてほしい。

　会議の終わりに、決まったこととやるべきことを確認する。言われてみれば当たり前のことだ。しかし、ちゃんとやれている会議はほとんどない。

　こうした小さな確認の積み重ねが、確実に会議の質を上げていく。そして確認するのが当たり前の状態になる。すると今度は、確認しないと何だか気持ち悪いという感覚になる。そうなれば、基本動作①はOKだ。

## 基本動作②開始時に、会議の終了条件を確認する

 なぜこの基本動作が必要か

　次は会議の開始時にするべきことである。まず会議の始まりで、最悪なケースを2つ見てみよう。

## 1. 目的が全く設定されていない会議はダメ

　以下のような掛け声で始まる会議に身に覚えがあるのなら、基本動作②の効果は絶大だ。

　「さて、定刻になりましたので会議を始めます。まずお手元の資料をご覧ください」

　「みんな、そろったか？集まってもらったのは、先日発生したトラブルについて意見を聞かせてもらうためだ。A君、どう思う？」

　どちらも完全にアウト。なぜならどちらのケースも「どうなったら、この会議が終わるのか」が全く分からないからだ。

　上司から「意見を聞かせてくれ」としか言われていないと、部下はまるで操り人形のように、意見を言うことしかできない。

　冒頭に目指すべきもの、つまり今日の会議の目的が設定されていないと、参加者は迷子になる。そしてみんな別々なことを考え始める。

・各自から参考程度に数個ずつ意見が出たら、今日の会議はおしまいなのか
・大小を問わず、全部意見を出しきったら終わりなのか
・意見を出し合って、有力な案に絞り込むところまで進んだら終わりなのか

　この会議でどこを目指すかによって、会議中にやるべきことや進め方、さらには参加者の意識が違ってくるはずだ。その日の会議の目的を最初に共有できていないと、参加者に主体的な動きや発言を期待するのは難しい。

## 2.「〜すること」が目的の会議は台なし

　会議の目的が中途半端に設定されていることもよくある。例えば、「今日の会議の目的は、みなさんの意見を聞くことです」「今日の打ち合わせは情報共有が目的です」。こんなふうに始まる会議もダメだ。

　会議の目的を最初に共有しようとしていること自体はよい。しかし、会

議の目的が「〜すること」で表現されていては台なしだ。特に代表的なNGワードは次の2つだ。

・「〜を共有すること」
・「〜を議論すること」

　この2つの言葉は毎度のように会議の目的として出てくるが、全く話にならない。「〜すること」はスポーツでいえば、「ボールを蹴る、投げる、打つ」といった動作に過ぎない。ボールを蹴ることが目的のスポーツなどあり得ない。

　ボールを蹴ることで、何を達成したいのか。相手のゴールにボールを入れる。そして一定時間がたったときに、相手チームより1点でもゴール数を多くする。これがサッカーというスポーツの目的だ。ボールを蹴ることは手段であって、目的ではない。

　にもかかわらず、会議では「すること」が目的化されてしまうことが非常に多い。これは本当に恐ろしい状況である。想像してみてほしい。

　グラウンドには、集められた選手たちがそろっている。彼らは今から行われるスポーツの目的（どうなったら勝利できるか）を知らされていない。そして、「今日の目的は、走って、ボールを思いっきり蹴ることだ」と監督に告げられる。

　試合が始まると監督が「今だ、蹴れ。走れ！」「もっと積極的に！」と逐一指示を出してくる。選手は指示に従うしかない。どうすれば試合に勝てるのか分かっていないから、監督に言われた通りに動くしかない。とにかく思いっきりボールを蹴る。正直言って、どっちに向かって蹴ればよいのかさえ分からない。当然、選手が自主的に考えて動くことなどできない。そして試合終了の時間が来て、終わる。選手はヘトヘトだが指示に従って走り、ボールを蹴っただけだから達成感が全くない。

　監督は「まあ、悪くなかった。ご苦労様」と言うが、何のためにボールを蹴って、グラウンドを走り回ったのか選手には分からない。勝ったの

か、負けたのかすら分からない。そもそも何のスポーツだったのかも、選手には分からない。

**指示に従うが、ヘトヘトになっている選手たち**

　大げさな話に聞こえるかもしれないが、これと同じことが、毎日の会議で繰り返されていると思うと、本当に怖い。ぞっとするだろう。会議の始め方を間違うと、途端にこうなるのだ。

　「すること」を目的にしてしまうと、参加者は目的を見失ってしまう。ところが多くの人は、この事実に気づいていない。そこで、ここに手を打つのが基本動作②というわけだ。

##  やるべきこと

　どうすれば、正しく目的を設定できるのだろうか。参加者を迷わせずに済むのか。やるべきことは会議の開始時に、終了条件を確認する。これだけでよい。

　繰り返すが「共有することが目的だ」「議論することが目的だ」といった具合に、「〜すること」を目的にしては何の意味もない。

　することは手段であり、目的にはなり得ない。日本語はあやふやな表現

が多いため、つい言葉にごまかされてしまう。

　会議の目的は「終了条件」で考える。これが最大の肝だ。「どんな状態になったら、この会議は終われるのか」を考えるのである。

 押さえるべきポイント

　会議は何らかの「状態の変化を起こす」ためにやっているはずだ。「散々議論したけれど、会議をやる前とやった後では何も変わらなかった」なんて会議は意味がない。やらない方がましだ。

　会議をすることで、参加者がどういう状態に変化すればよいのか。どういう状態を作り出せればよいのかを真剣に考える必要がある。

　そのためにも「終了条件」を考えると、明確なゴールを設定しやすくなる。ここで気をつけてほしいことは3つだ。

---

**［終了条件を考えるコツ］**

（A）「すること」ではなく、終了条件で考える

（B）「すること」が頭に浮かんだら、「その結果、どういう状態を作りたいのか」と自問する

（C）終了条件は、終了したかどうかを判定しやすい形で表現する

---

　具体的に見てみよう。まずは終了条件の設定の1つめの例だ。あなたは上司から、担当業務における課題と原因を調べるように指示された。部下を集め、まずは課題を議論しようと考えている。この状況で、会議のゴール（終了条件）をどう考えればよいか。

**ダメな例**

「課題を議論する」

これは手段に過ぎない。井戸端会議ではないのだから、議論することは目的ではない。状態で考えられていないのでNGだ。議論することで、どんな状態を作りたいのかを自問するとよい。

　「課題が出た状態」

　これは状態で表現されているが、具体性がなく惜しい。「課題が出た」「終了条件に到達した」と、どうやったら判断できるのかをイメージできないのでイマイチだ。

　「大小を問わず、参加者が感じている課題が出切った状態」
　「部門を挙げて解決すべきだと思う課題が出切った状態」
　「課題を出し切り、重要度が高い3つの課題に絞り込んだ状態」

　これらは3つとも状態で考えられているし、終了条件に達したかどうかを確認しやすい。参加者に「部門を挙げて解決すべきだと思う課題は、だいたい出ていますか？」と確認できる。
　しかも終了条件の設定の仕方によって、参加者の意識も質問の観点も発言の粒度も変わってくるのが分かるだろうか。
　大小問わず、参加者が感じている課題が出切った状態を目指すなら、「どうやって漏れなく、細かい課題まで拾い出すか」がカギになる。一方、部門を挙げて解決すべきだと思う課題が出切った状態を目指すなら、「部門として取り組むべきかどうかを、どう判断するか」が論点になる。
　終了条件が設定されることで、自然に「終了条件に合致する状態を作り出そう」とみんなが思うようになり、参加者のベクトルがそろってくる。逆に終了条件が不明確だと、何をどのくらい議論すればよいのか分からない。だからみんなが好き勝手に話し始める。当然、議論は発散する。終了

条件をうまく設定できれば、それだけでスムーズな会議を作れるだろう。

　ほかにも例を見てみよう。「新しいコピー機の使い方を説明する打ち合わせ」があったとする。例によって、これは「すること」だ。コピー機の使い方を説明することで、打ち合わせの参加者にどうなってほしいのか、どんな状態を作り出したいのか、そこを目的として考えなければならない。

**良い例**

「迷わずコピー機を使える状態になってほしい」
「コピー機が故障したとき、自分で解決できるようになってほしい」
「自分の部下にコピー機の使い方を教えられるようになってほしい」

　「こんな状態になってほしい」と言われれば、終了条件を具体的にイメージできる。部下にコピー機の使い方を教えられるようになるのが目指すべき状態だと言われれば、会議の参加者は「教えられる状態になる」ため、主体的に考え、質問し、議論するようになる。そして、参加者が部下に教えられる状態になったら、会議は終了だ。
　当然、「どうなってほしい」という目指す状態によって、参加者が聞くべきことは全く異なってくるのも分かるだろう。全ては終了条件次第なのである。

## 始め方のヒント

 **【あなたが会議を仕切るなら】**

　会議を仕切る立場にいるなら、ほんの少し会議の導入部分を大事にすればよい。「今日は課題の解決方法を出し切ったら、会議終了としましょう。みんな早く終われるように集中してくれよ」と、会議の冒頭で宣言すればよい。
　または「今日はみんなが新しいサービスの概要をお客様に説明できる状態まで持っていきたい」と、会議が終わる2時間後に目指す状態を共有しておくのも1つの手だ。あなたが会議を仕切る立場なら、実行するのは難しくない。

【あなたが会議の参加者なら】

　誰かが主催する会議に出席した際、目的（終了条件）があやふやな会議に出くわすことは多い（というか、大抵の会議は終了条件が曖昧だ）。本当は、会議を仕切っている人に「今日の会議の目的は何か？」とか、「今日の終了条件は何ですか？」と聞くのがよいのだが、心理的に、あるいは立場的に難しいかもしれない。その場合、こんな言い回しをすると確認しやすくなる。

「今日はどこまで決めますか？」
「今日はどんな状態まで持っていけばよいですか？」
「どうなったら、一段落できますか？」

　終了条件という言葉を持ち出さなくてもいい。上のような表現なら、多少は言い出しやすいはずだ。会議を仕切る人を攻撃したいわけではないので、あくまでも「自分は分かっていないので、確認させてもらえませんか？」というトーンで切り出すのがポイントだ。この問いかけを最初にするだけで、会議の主催者は終了条件を考え、表明してくれる。

基本動作②のまとめ
終了条件が決まるまでは議論に入らない

・・・・・・・・・・・・・・・・・・・・・・・・・・・・・・・・・・・・・・・・・・・・・・・・・・・

　会議の始め方は極めて重要だ。最初がきっちりそろえば、あとは勝手に参加者が進めてくれる。逆に出だしでつまずくと、参加者の自律性が失われ、あとは仕切る人の指示に従うしかなくなる。これでは無気力な参加者が量産されてしまうだけだ。「終了条件が明確になるまでは、議論に入ってはいけない」と考えるくらいで、ちょうどよい。

## 基本動作③開始時に、時間配分を確認する

 **なぜこの基本動作が必要か**

　会議には議題が設定されている。しかも1回の会議に複数の議題が挙がることが多い。にもかかわらず、一つひとつの議題にかける話し合いの時間は大抵、明らかになっていない。

　つまり、「どのくらい時間がかかるのかはやってみないと分からないけれど、とりあえず議論してみよう」という状況だ。そんな状態では当然、ダラダラとした会議になる。

　製造業の人たちが見たら、腰を抜かす状況かもしれない。「製品を1つ作るのに、どのくらいの時間がかかるのかは分からないけれど、とりあえず作ってみよう。こんなに時間がかかったけど、作れた作れた」というお気楽な状態に等しいのだから。こんな状態で会議の生産性が上がるわけがない。

 **やるべきこと**

　まずやるべきことは「どの議題に何分かけて議論するのか」を確認することだ。アジェンダや議題が設定されている会議は多いのだから、議題ごとに1つずつ、会議の冒頭で時間配分を確認すればよい。

**表2　時間配分の例**

| 議題 | 時間配分 |
| --- | --- |
| 各チームの検討状況を共有する | 10分 |
| 発生している課題を洗い出す | 20分 |
| 優先して解決すべき課題を絞り込む | 10分 |

ここを確認
しておく

　1つの議題を検討している姿を想像し、必要な時間を見積もる。「おそらくこんな議論になって、きっとここで発散して、たぶん20分はかかるな」と。もしくは過去の経験を踏まえて、必要な時間に当たりを付ける。

「以前、似たような話をしたが意外と早く終わったな」といった具合に。

　また、20ページの資料を確認したり、20個の課題を話したりする議題なら、1つ当たりの時間を想定して総時間を算出することもできる。「1つの課題に2分はかかるな。だとすると、合計40分。ちょっと余裕を見て、50分は取っておこう」という感じだ。

　想像力と推定力、過去の経験値が基礎になる。議題ごとに使う時間を設定したら、会議の冒頭で参加者に知らしめる。「この議題は10分しか議論している時間がありませんよ」と意識づけするのだ。

 ## 押さえるべきポイント

**ポイント1** 時間を意識づける

　時間配分について解説すると必ず、「適正な時間を先読みするのは難しいと思うのですが」「時間内に終わらせようとするあまり、逆に時間に追われて、本来話すべきことを話せなくなってしまうのでは」という質問を受ける。誤解されがちだが、時間をピシャリと読むことも、決められた時間で議論することも、それほど重要なことではない。極端にいうと、最初に決めた時間をオーバーしたからといって、大した問題にはならない。

　大事なのは会議の参加者に常に「終わりの時間を気にしてもらうこと」であり、「設定した時間内で議論しようと心がけてもらうこと」である。時間を強く意識するからこそ、「その時間内で議論が終わるように、結論から話そうよ」とか、「脱線気味の話は、会議が終わってからにしよう」とか、「どうしたら時間内に効率よく議論できるだろうか」と考えるようになる。心理学的には「締め切り効果」といわれている。終了期限が設定されていると、人は何とかその時間内で収めようとするものだ。

　事前に想定した時間が外れた（短かった、長かった）からといって、気にすることはない。次の会議からは、時間設定の精度をもっと上げられると、前向きに考えればよい。「この手の議論は時間がかかるから、2回に分けるか」「前さばきをしておかないと、この時間では無理だな」と考え

られるようになる。

　そうやって、徐々に設定時間を見積もる精度を上げていけばいい。だから時間の見積りを間違えても問題ない。それよりも、会議の参加者に時間配分の意識づけをすることが最大の目的だととらえてほしい。

**ポイント2　会議の途中で声をかける**

　時間の意識を高めるには、会議の残り時間や経過時間を気にしておいて、「あと○分です」「△分たちました」と、会議中に誰かが声をかけるとよい。会議の冒頭だけでなく、会議中に声をかけることで、時間に対する参加者の意識が圧倒的に高まる。

　「あと10分しかないのか。結論を出せるように集中しよう」「このペースだと絶対に終わらないな。別のやり方にしますか？」といった、やり取りができるようになる。これがダラダラした会議を防いでくれるというわけだ。効果は絶大である。

　会議の冒頭に時間配分を確認するのは比較的簡単だろう。だが会議の途中で声をかけることは結構難しい。度胸がいる。でもここが一番重要だ。最初に時間を確認するだけでは、みんな忘れてしまう。

**ポイント3　時間オーバーと分かった時点で、その後の対応を確認する**

　時間内に会議が終わりそうにないと分かった時点で、参加者全員にこのまま会議を続けるか、別の日時に仕切り直すかを確認する。会社では、会議の時間がなし崩し的に延長されるケースが多すぎる。気づいたら、終了時間を大幅に超えていたなんてことも頻繁に起きる。仕方ないときもあるだろうし、多少延長してでも一気に議論し切った方が良いこともある。

　しかし問題なのは「延長するのか、しないのか」「どのくらい延長するのか」を確認しないまま、ズルズルと会議の時間を延ばすことだ。先が見えないと参加者の集中力は途切れるし、締め切り効果が機能しなくなる。だから会議時間がオーバーしそうなことが分かった段階で、参加者全員に「この先、どうするか」を確認する。具体的にはこんな感じだ。

（A）××分延長してやり切る

（B）やれるところまでやって、残りは別の会議を改めて設定する

（C）やれるところまでやって、残りはメールのやり取りなどで対応する


　こんなふうに三択で問えばいい。大事なのはファシリテーターが決めるのではなく、参加者に選択してもらうこと。参加者が自分で選ぶことで、会議が他人事ではなくなり、「自分事」になる。結果的に延長することには変わりなくても、参加者の気持ちは随分違ってくる。

## 始め方のヒント

 【あなたが会議を仕切るなら】

　自分で議論の時間を設定するのもありだが、参加者と話し合って決めるのがお勧めだ。「今日はこんな議題を考えているんだけれど、それぞれどれくらいの時間がかかるかな？」と、会議の冒頭で全員に問いかけてみる。聞かれたメンバーはその時点で、思考が動き出す。

　どのくらい時間がかかるかを想定するには、どんなふうに議論するのかを考えなければいけない。それだけで参加者の集中度は一気に高まる。

　もしも「会議の進め方がイメージできないので、時間の予測ができない」というメンバーがいたら、進め方の説明に時間を割かないといけない。

 【あなたが会議の参加者なら】

　会議に参加する立場なら、残り時間と経過時間を気にして、「あと◯分です」「△分たちました」と伝える役割を買って出るとよいだろう。別に大声でさけばなくてもよく、つぶやく程度でよい。会議が時間内に終わりそうにないなら、「ここからどうしますか？延長しますか？」という問いかけも率先して言おう。

　簡単なことだが、これだけで会議にメリハリが出る。また、会議の冒頭

で「どうやったら、決めた時間内に終われるか」を想像してみるのも大切だ。こうしたイメージトレーニングが、時間配分への意識を高めるいいキッカケになる。

**基本動作③のまとめ**
**時間配分を常に意識する**

・・・・・・・・・・・・・・・・・・・・・・・・・・・・・・・・・・・・・・・・・・・・・・・・・・・

　会議の時間配分は軽く見られがちだ。しかし、時間を意識することで生まれる副次的な効果は非常に大きい。「どうせ時間通りには終わらないのだから、時間配分なんて考える意味がない」などと、短絡的に考えないでもらいたい。

**第2章の まとめ　3つの「確認」を徹底できるまで続ける**

　ここまで、基本動作①〜③の「確認する」ファシリテーションについて説明してきた。やることは「確認する」。それだけ。
　会議の開始時に「終了条件」と「時間配分」を確認し、会議の最後に「決まったこととやるべきこと」を確認する。とにかく、この3つの確認を徹底してほしい。ここがおろそかになっているうちは、ほかに何をやっても会議は良くならない。逆にこの3つができるようになれば、会議が劇的に変わっていくのを実感できる。
　奇をてらった風変わりな会議を試してみるのも悪くはないが、私は基本動作の徹底にこだわりたい。基礎ができて初めて、応用ができる。

## 隠れファシリテーターが会議を変える

さらに強調したいことがある。確認するファシリテーションを実践するのは、必ずしも会議の主催者である必要がないということだ。

あなたが参加者の1人であったとしても、確認する行動を取るだけで、会議の雰囲気をガラッと変えられる。私はこれを「隠れファシリテーター」と呼んでいる。前に出る必要もなく、座ったまま確認すればよい。心理的にはかなり楽である。ぜひ気負わず、できることから始めてほしい。

やるべきことは決して難しくないし、目からウロコの必殺技でもない。でも「知っている」ことと「できている」ことは、天と地ほどの開きがある。

決まったこととやるべきことの確認なんて、言われてみれば当たり前のことだし、既に知っていたことかもしれない。でもその大切さを身に染みて実感し、毎回実践している人がどれだけいるだろうか。これが決定的な差になるのだ。

企業の競争力はこんな小さなところで大きく違ってくる。なぜなら、会社の意思決定は通常、何らかの会議の場で行われていくのだから。「確認する」ことの重要性を決して忘れないでほしい。

 **終了条件は3つに分類できる**

　番外編として、よくある質問に答えておく。「会議で終了条件の設定をしてみると、これがなかなか難しいことが分かった。うまくいくヒントがもっとほしい」というものだ。

　終了条件をうまく設定できると、その威力は大きい。しかし慣れないうちは、設定が難しいというのは確かにそうかもしれない。そこで終了条件は、会議によって「何を変化させたいか」と考えてみることから始めてみよう。すると設定しやすくなる。

　変化させたい対象は、大きく3つに分類できる。**人の状態、物理的なモノ、そして意思・合意**。この3つだ。例えば、人の状態が変化したら（××を他人に教えられる状態になったら）会議は終了、そんな感じだ。同じように、モノが変化したら（資料の目次が完成した状態になったら）会議は終了と考える。悩んだら、表3を参照し、会議をすることで何を変えたいのかを改めて考えてみてほしい。

表3　会議で変化させたいものは3つある

| 変化の種類 | 具体例 |
| --- | --- |
| 人の状態 | XX を他人に教えられる状態、XX の議論ができる状態、XX が使える状態、XX の意思決定ができる状態、XX の作業ができる状態、… |
| 物理的なモノ | 新しい業務フローのたたき台が完成した状態、報告資料が完成した状態、… |
| 意思・合意 | A、B、C 案から1つを選んだ状態、課題が3つに絞り込まれた状態、投資に対する Go/NoGo が決まった状態、XX の方針に承認が得られた状態、… |

# 第 3 章

# 「書く」ファシリテーションと スクライブ

第2章で取り上げた「確認する」ファシリテーションができるようになると、会議にかなりメリハリが付いてくる。基本動作①〜③が身に付いたら、次にやるべきことは「書く」ファシリテーションだ。会議中の発言をひたすら書くことで、議論を可視化する。

## 基本動作④会議中に、議論を可視化する

 なぜこの基本動作が必要か

「発言を書くだけ？」。そう思う人がいるかもしれない。しかし、書くことは極めて重要だ。

私は発言を書かない会議を「目隠し将棋と同じだ」と例えて言うことが多い。目隠し将棋とは、プロの棋士が将棋盤や駒を用意せず、「2四歩」「3二飛車成」といった具合に、言葉のやり取りだけで将棋をするもの。プロ

目隠し将棋をするプロ棋士

の棋士が一種のパフォーマンスとしてやってみせるものである。

プロの棋士は頭の中に将棋盤を描き、自分の手駒がいくつあって、相手の手駒は何でと、全て記憶しながら次の一手を考える。プロだからこそできる技であり、凡人には到底まねできないとすぐに分かるだろう。

大げさに聞こえるかもしれないが、発言を書かない会議では目隠し将棋と同じことが起こっている（参加者には目隠し将棋と同じようなことが求められている）と考えてほしい。例えば2時間の会議で、どのタイミングで、誰が何を言ったのかを全て記憶しながら、自分の発言を考えている。そんな状態をイメージすればよい。

人は一度に7つのキーワードしか覚えられないともいわれているが、2時間の会議で挙がるキーワードはとんでもない数になっているはずだ。全てを頭で記憶しながら議論するのは事実上、不可能である。

それでも議論が成り立ってしまう（ように思える）のが問題だ。

会議に参加している人たちは無意識のうちに、脳の大半を発言を記憶することに使ってしまっている。会議という将棋盤と発言という駒を、頭の中に描きながら議論しているのである。

それだけでも大変なことだが、将棋の駒と違って、発言はふわふわしていて形がない。ある意味では、目隠し将棋よりも高度なことをしていることになる。本来、こんな状況で効率的な議論ができるわけがない。

「会議の可視化なんて不要だ。みんな、頭で記憶し、理解しているだろう」。そう考えている人がいるかもしれないが、そんなのは幻想だ。発言を書いて会議を可視化すると記憶する必要がなくなり、参加者の負担を大きく軽減できる。

「各自が手元でメモを取ればいいだろう」という人もいる。私にしてみれば、実はこれもナンセンスである。会議中に紙やノートにメモをしている人は大勢いるが、これはよくよく考えてみると不思議な状況だ。

例えば5人で会議をしていて、5人がそれぞれ自分のノートにメモをしている。同じ内容を、自分だけが分かるようにメモしているのだ。それだけでも無駄が多いと思えないだろうか。

しかも自分のノートにメモした内容は、間違っている可能性がある。でも自分のメモをほかの人は見ないので、間違っていても誰も気づいてくれない。

なぜ全員が分かるように、メモをしないのだろうか。最初からみんなに見えるように、ホワイトボードや模造紙に発言を書いていけば、ほかの人はメモをする必要がなくなり、発言に集中できる。みんなが同じメモを見ていれば、認識のズレもなくなる。

会議中に話を聞き逃した人もいるはずだ。ちょっとほかのことを考えていて、なんてことは普通に起きる。一瞬聞き逃しただけで議論についていけなくなるなんて、もったいない。

発言を可視化することが、多くの問題を解決してくれる。議論の流れを書いておけば、多少聞き逃しても、しっかり議論についていける。その証拠に、書く会議の有効性を体感した組織はもはや、「書かないと気持ち悪い」という状況にさえなっていく。

 やるべきこと

議論の可視化では「発言をありのままに書く」ことが大切だ。可視化と

写真1　壁一面のスクライブ

いっても、難しい図や凝ったデザインの絵などを書く必要はない。単に発言を文字として書くだけでよい。要約、言い換え、図、表、構造化は次のステップでいい。まずは発言の言葉だけを拾い、そのまま書いていけば、それだけでOK。これで議論の発散を防止でき、議論のかみ合わせも格段に良くなる。

　当社では書く行為を「書きなぐる」という意味を込めて**スクライブ**と呼んでいる。スクライブするものは紙でもいいし、ホワイトボードでもいい。イメージは、参加者全員が見えるようにメモを取ること。みんなが見えるなら、媒体は問わない（写真1）。

 ## 押さえるべきポイント

　基本動作としてやるべきことは発言を書くだけなので、極めてシンプルだ。ただし、押さえておくべきポイントがある。次の2つを意識して書くとよい。

### 1.決まったこととやるべきことを漏らさず書く

　可視化では、発言をありのままに書けばよいのだが、なかでも基本動作①で紹介した「決まったこととやるべきこと」は必ず書いてもらいたい。決まったことは㊐、やるべきことはⓉⓄⒹ、といった具合にマーキングしていくだけでもOKだ（写真2）。

　決まったこととやるべきことを書いておけば、会議の終了時にスクライブを見ながら、「今日の会議ではこれとこれが決まりましたね」と確認すればいいので、基本動作①がとても楽になる。

　しかも書くことで、全員の認識合わせができる。この効果は大きい。口頭で確認するよりも、文字を見ながら確認した方がずっと認識のズレは少なくなる。

写真2　決まったこととやるべきことを書く

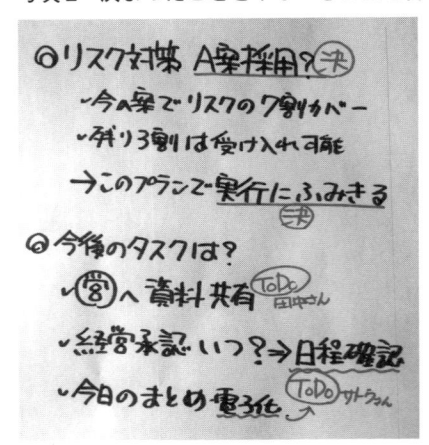

## 2.問いや論点をはっきり書く

　もう1つ、問い（論点）を書くと、議論のかみ合わせがものすごく良くなる。そもそも会議では、いきなり結論を導き出しているわけではなく、まず結論にたどり着くために無数の問い（論点）について議論している。そして、無数の問いに対する答えが積み重なって、最終的な結論にたどり着くのだ。

　少しイメージしづらいと思うので、事例を交えて問い（論点）が会議中にどう発生するのかを見ていこう。「研修がつまらない原因を特定する」という議論を想定すると、こんなふうに無数の問いが会議で出てくる。

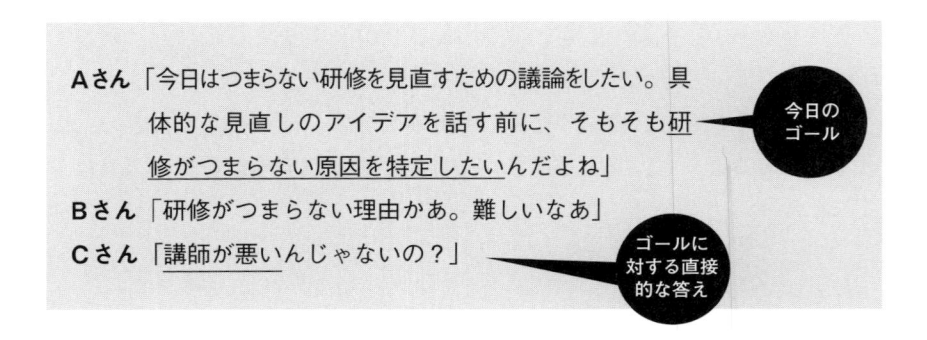

Aさん「今日はつまらない研修を見直すための議論をしたい。具体的な見直しのアイデアを話す前に、そもそも研修がつまらない原因を特定したいんだよね」　　　今日の
　　　　　　　　　　　　　　　　　　　　　　　　　　　　　　ゴール
Bさん「研修がつまらない理由かあ。難しいなあ」
Cさん「講師が悪いんじゃないの？」　　　　　　　　　ゴールに
　　　　　　　　　　　　　　　　　　　　　　　対する直接
　　　　　　　　　　　　　　　　　　　　　　　的な答え

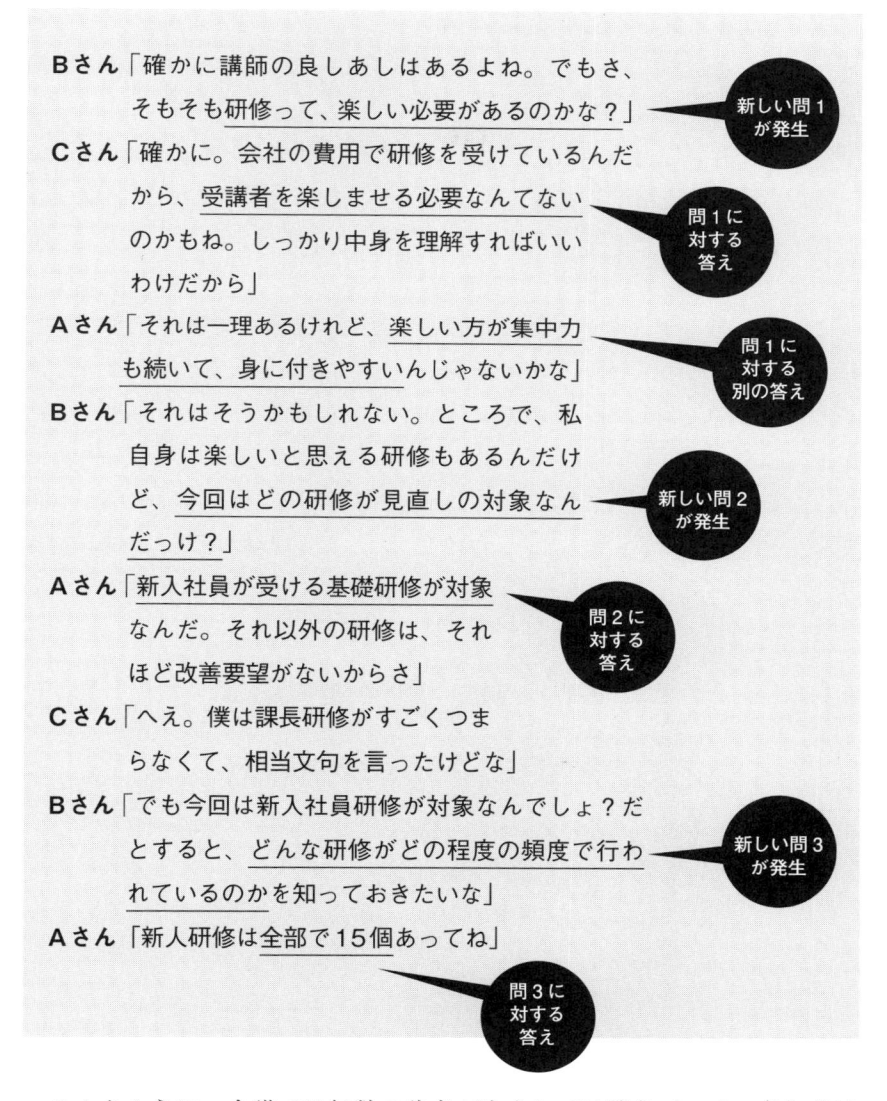

こんなふうに、会議では無数の論点が生まれては消えていく。参加者はこれを繰り返すことで、そのときのテーマについて理解を深め、認識を合わせていくことになる。そして最終的に「つまらない研修の原因」が特定されていくのである。

様々な論点に対して色々な答えが出て、どんどん外堀が埋まっていくイメージだ。しかも問いは、あっという間に変わっていく。誰かが疑問形で発言すると即、それが新しい問いになる。

　先に出た問いに結論が出ていなくても、新しい問いが差し込まれると、そちらに議論が流れてしまう。そして会議では、一度に1つの問いについてしか話すことができない。言い換えると、会議中は常にたった1つの問いに対して議論していることになる。

　にもかかわらず、ちょっとした弾み（誰かの発言）で瞬時に問いが変わってしまうため、今何について議論しているのかを見失ってしまうことがとても多い。何しろ、誰かの一言を少しでも聞き逃したら、問いを見失ってしまうのだから。

　これを防ぐのが、スクライブ（問いを書く）という行為だ。先ほどの例でいくと「研修は楽しい必要があるのか？」「どの研修が見直し対象か？」

写真3　実際のスクライブ（その1）

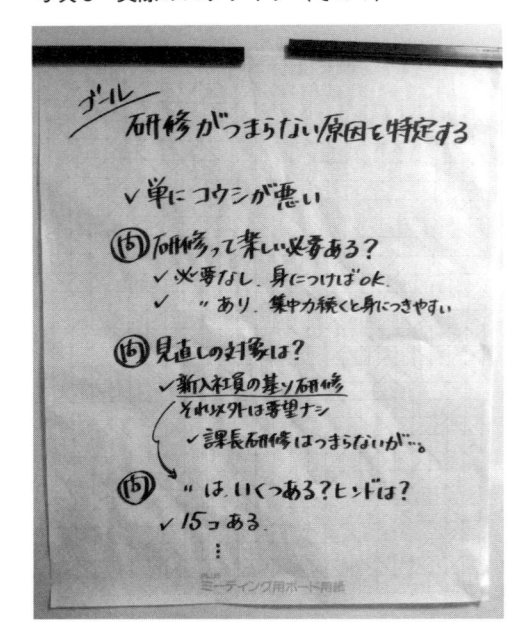

などが問いになる。これが書かれていれば、参加者は「今はこの問いについて意見を言えばいいんだな」と分かる。会議で迷子になる確率は格段に下がる。つまり、議論がかみ合わなくなる頻度が減るのだ。

この例をスクライブで可視化すると、写真3のようになる。これだけを見ても、議論の流れがよく分かると思う。

「決まったこととやるべきことを漏らさず書く」「問いと論点をはっきり書く」。この2つをしっかり押さえて、議論をスクライブするとどうなるか。実際の会議で説明しよう（以下は前著『世界で一番やさしい会議の教科書』から引用）。

　ある会社では、コールセンターで働くオペレーターの離職率が高く、改善したいと思っていた。まずは何が原因なのかを洗い出すことになり、関係者で会議をした。コールセンターの課長と、現場でオペレーターを束ねる田内さん、システムに詳しい幸田さんの3人が議論をしている。

**課長**「まずは離職原因の洗い出しだな。仕事そのものがつまらないという話を聞くな」
**田内**「ええ、毎日お客様のクレームを聞くわけですから、キツイと思います。実際、オペレーターからも精神衛生上、良くないという話も聞きますし」
**幸田**「そうは言っても、お客様のクレームを聞くのは、他社も同じだろ？　そもそもコールセンターはクレームを受けるのが大切な仕事なんだから」
**田内**「そうはいうけれど、他社とは事情が違うんだ。例えば、一般消費者向けのコールセンターなら個人が相手だから、一つひとつのプレッシャーは小さいけれど、ウチみたいに法人相手のコールセンターだと、1つの対応ミスがすぐに企業間の問題に発展する可能性がある。オペレーターは非常に気を使うんだ」
**幸田**「そんなの個人でも法人でも同じでしょ。むしろ個人のお客様の方が

ややこしい人が多いくらいなんじゃないの？」

**課長**「確かにその要素はあるな。ウチのコールセンターは少し特殊なのかもしれない」

**幸田**「本質的には変わらないと思いますよ」

**課長**「いや、違いはたくさんあるだろう。勤務時間も福利厚生も異なるし、大手のコールセンターに比べると場所も遠いしな。そういえば、オペレーターからは立地の不満は出ていないのか？」

**田内**「場所の問題は、現場でよく話題に出ますね。オペレーターさんはよく文句を言っています。駅から遠くて、雨の日は特に大変だって」

**課長**「そもそも、なぜ今の場所にコールセンターを移したんだ？」

写真4　実際のスクライブ（その2）

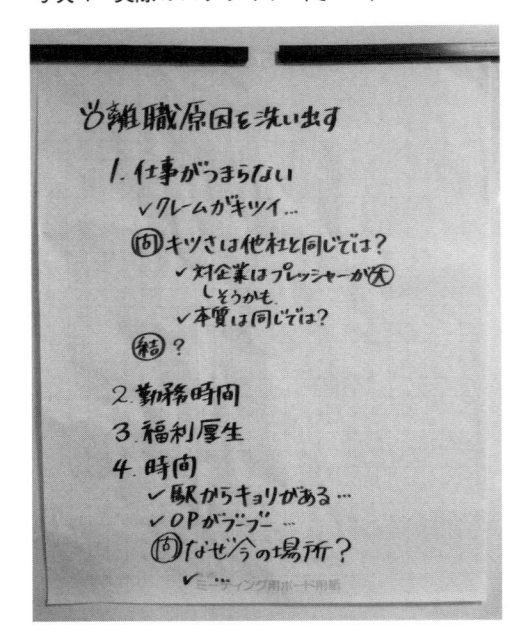

こんなやり取りは、会議でよく見かける風景だが、これを頭の中だけで処理しようとすると大変だと分かるだろう。そこで写真4のように、発言を書いていく。

たったこれだけで、複雑な議論がはっきり見えるようになる。問いに対する結論が出ていないことも、一発で分かる。だから問いと結論は意識して書く。多少議論を聞き逃しても、参加者が会議中に「内職」していても、スクライブを見れば流れが分かるし、どの議論が中途半端になっているのかも見える。

結局のところ、会議中に参加者が発言を聞き逃すことは、どうにも防げない。みんな、普通の人間なのだから。それでもスムーズに議論できるようにすること。つまり、「容易にする、促進する」ことが、書くファシリテーションなのだ。

## 始め方のヒント

 【あなたが会議の参加者なら】

「書く」ファシリテーションは、「確認する」ファシリテーションよりもずっと目立つ。会議中に立ち上がって、いきなりホワイトボードに書き始めるなんて無理。そう思う人がほとんどだろう。気持ちはよく分かる。

そんなときは、A3用紙にスクライブすることをお勧めする。ちょっと太めのボールペンやサインペンでスクライブすると、全員が見やすくなる。

自分の手元でメモを取るように書けば、それほど目立たなくて済むし、自分のメモなのだから、間違っていてもOK。そのくらいの軽い気持ちで始めよう。

「スクライブします」なんて、宣言する必要はない。シレっと、「自分用のメモですけれど、何か？」という感じで書き始めればよいのだ。これなら恥ずかしさもない。

ただし、スクライブに挑戦するには、ほかの人からも見えるように、大きめの字で書き始めることはお忘れなく。「小さなメモ帳に書き込むよう

な、自分だけのメモ」と、「ホワイトボードに書く、全員が見るスクライブ」のちょうど中間くらいの位置づけから始める。大事なのは、会議の参加者が見ようと思えば見られるメモ、見られても構わない自分のメモを書くことを心がけることだ。

　自分のメモとはいえ、そこそこの大きさの文字で書き始めると、会議の参加者は嫌でもあなたの手元のスクライブに注目するようになる。いつの間にか、A3用紙を中心に会議が展開されるようになるから、不思議なものだ。書くという力はそれほど大きい。4人くらいまでの小規模の会議には、特に効果的だ。

 ## 【あなたが会議を仕切るなら】

　会議を仕切るリーダーの立場なら、参加者よりもスクライブしやすいだろう。それでも今まで全くやってこなかったことを始めるのは、勇気がいる。ほかの参加者から「突然、どうした？」と不思議に思われるだろうし、「課長が板書するなんて…」と思われるかもしれない。

　それでもトライしてみるのが一番良いのだが、自分で書くことにどうしても抵抗があるなら、ほかの参加者に書かせるという手もある。「議事録の代わりにしたいから、ホワイトボードにみんなの発言を書いてくれ」と指示すればよい。

　議論をスクライブすることは、人材育成という副次効果も生み出す。議論を正しく聞き取り、内容をしっかりと理解していないと、スクライブなんてとてもできない。だから必死に発言を聞いて、理解しようとする。これは若手の育成に最適だ。

　多くの会議では、若い社員ほど役割も発言もなく、ボケっと話を聞いているだけという状況に陥りやすい。だがスクライブをさせてみると本人の成長につながるし、議論に加わった感じがして、むしろ会議が楽しく感じられたりもする。

　もっとも、いきなり発言を書けと指示されても、メンバーは書き方が分

からない。だから事前に書き方のレクチャーをする必要があるだろう。スクライブしている最中も、書き漏れている点があれば随時指摘して、その場で書き足してもらうなど、周りのフォローが不可欠だ。

## 効果的にスクライブする7つのコツ

だいぶスクライブのイメージはわいてきたと思う。それでもスクライブは難しい。

そこで代表的な対処法を7つ記しておく。参考にしながら、自分なりのスクライブ術を確立していってほしい。

### 1. 書くスピードを上げるため、トコトン端折る

議論の速さよりも、書くスピードの方が確実に遅い。だから、ありのままに書けばいいと言ってはみたものの、現実にはスクライブが追いつかなくなる。みんな最初に、この壁にぶつかる。

すると、ある程度話を聞いてから「要約して書こう」とする人が出てくる。だが要約してはいけない。そもそも要約するのはもっと難しく、どう要約しようかと考えている間に、さらに議論に追いつかなくなり、すぐにお手上げになってしまう。

こんなときに大事にしてほしいのは、要約はせず、極力端折って書くことだ。発言内容を要約するのはかなり高度な技術が必要だ。しかも無理に要約すると、逆効果になることすらある。「オレはそんな意味で言ったんじゃないぞ」なんて怒られたりもする。

そこで端折って書くのが最善策だ。記号を使ったり、カタカナや略字を使って漢字を書くのを減らしたり、横文字はアルファベットで端折ったりと、色々な工夫ができる。端折り方に正解などないが、要は会議の参加者に発言内容が伝わればいいのだと、割り切って考えよう。いくつか例を挙げてみる。

・記号で端折る

「上がる、下がる」→「↑、↓」

「良い、悪い」→「○、×」

「大きい、小さい」→「大、小」

「必要」→「要」

・漢字を使わず、カタカナで端折る

「議論が必要」→「ギロン要」

「精度が高い」→「セイド高」

「顧客」→「コ客」

・略字で端折る

「個人」→「仏人」

・アルファベットで横文字（長いカタカナ書き）を端折る

「オペレーター」→「OP」

「トレーニング」→「TR」

「時間当たり」→「/h」

・キーワードだけを拾い、冗長な言い回しや語尾を端折る

「オペレーターが離職してしまう傾向があり、それが問題なんじゃない

かと思うんだよね」→「OPのリショクが問題？」

　端折るコツは、とにかく画数を少なくすること。スクライブは議事録で
はない。全員でその場で見るためのメモなのだから、どんなに略して書い
ても、その場にいる人が理解できればそれでいい。

## 2.色使いは2つで十分

　ホワイトボードに書けるマーカーには様々な色がある。すると、どの内

容にどの色を使おうかと悩んでしまう人が出てくる。結論からいうと、色は黒と赤の2つで十分だ。

普通に書くときは黒色、決まったことややるべきことを書くときは赤色にすればいい。何色を使おうかと悩むくらいなら、シンプルに黒と赤の2色だけで書く。

スクライブの目的は議論を可視化して、かみ合わせを良くすることである。きれいに格好よく書くことではない。

## 3.全員が見えるように書く

スクライブに慣れてくると今度はスクライブすることが目的化してしまい、書くだけで自己満足してしまうケースが多くなる。どれだけ正確に、きれいにスクライブしても、誰も見ていなかったら価値はゼロに等しい。

書くことで議論の土台を作りたいのだから、参加者全員が見ていないと意味がない。書いてはいるけれど、字が小さくて見えないとか、スクライバー（スクライブする人）が邪魔になってよく見えない、そもそも見える位置に書かれていない、という状況ではダメだ。

自分だけが見えるメモに成り下がるなら、自分のノートに書けばよい。スクライブは、全員が同じものを見て議論することに価値があることを忘れないでほしい。

**参加者から見えるようにスクライブする**

参加者から見えるように、自分の体が邪魔にならないように横から書くとか、大きな字で書くといったことに気をつけてほしい。太めのマーカーで書くと、自然に文字は大きくなる。

## 4.書く速度に合わせて議論する

　しゃべる速さよりもスクライブの速度の方が遅いので、スクライブすることを気にし過ぎて議論を進めると、今度は発言する速度が落ちてしまう可能性がある。スクライブされるのを待って、次の発言をする人も出てくる。一見すると、会議の生産性が落ちるように思えるが、これはむしろ良い効果を生み出す場合が多い。

　例えば、数秒のスクライブ待ちの間に、自分の思考が整理されて発言がクリアになったり、「スクライブしやすいように発言しよう」という意識が発言者に働き、結論から話すようになったりする。仮に発言量が減っても、考えるための一瞬の時間的な余裕が生まれると、議論のかみ合わせが良くなり、結果的に議論のスピードが上がる。

　大して考えもせずに、思ったことを矢継ぎ早に発言すると、会議は混沌としていく。スクライブに合わせて発言することは、実はかなり効果的だ。発言者には少し発言を我慢してもらってでも、スクライブを主体に議論してみるのもいいだろう。

## 5.書けなければ、その場で堂々と確認する

　とにかくスクライブは難しい。最初はうまく書けない。でも気にしなくていい。むしろ堂々と、その場で「書けません」と表明してもらいたい。

　うまく書けないのは、スクライブする人の技量の問題ではなく、発言する側の問題であることも多い。まとまりがないまま発言ばかりしていたり、要領を得ない長い発言だったりする。つまり、もともと書きづらい発言なのである。だから書けない。

　そんなときは臆せずに、「うまく書けないのですが、何と書いたらいいですか？」とはっきり言おう。黙っているのが一番良くない。

「書きづらいですね。今の話、一言で言うとどうなりますか？」と、発言者に確認する。スクライバーが書けないということは、ほかの参加者も理解できていない可能性が高い。スクライバーが「書けない」と言い出せば、発言者は自分が伝えたいことをまとめようとしてくれる。スクライバーがいい意味で発言者にプレッシャーをかけ、シンプルな発言を促すくらいでちょうどいい。

## 6.後から議事録代わりに全員に送る

スクライブしたものを写真に撮って、会議が終わったら議事録代わりに全員に送るようにしよう。これは会議の臨場感をそのまま保存する感覚で、後からそのときの状況を思い出しやすくする効果がある。

きれいに整形された議事録では削ぎ落とされてしまう発言も、スクライブには残る。この場合、議事録は作らない。スクライブを見ても分からないことは直接、会議の参加者に聞けばいいのだ。

## 7.プロジェクターとパソコンを使ってもOK

スクライブは手書きだから、書くのが大変だと感じる人もいる。その場合、

**プロジェクターにメモを映し、議論を可視化する**

ノートパソコンのメモ帳や、文書作成ソフトでタイピングしても問題ない。

ただし、その場合は全員が見られるように、打ち込んだ内容をプロジェクターやモニターに映す必要がある。結局は全員が見られるメモにさえなっていれば、手段は何でもいい。

### 基本動作④のまとめ
### スクライブの威力は計り知れない

　言いっ放しで発言が空中に消えていくような感覚。「さっきの議論はどうなったの？」「結論は？」といったモヤモヤ感。普段の会議でこんな感じがあるなら、発言を書く（スクライブする）ことで劇的に会議を改善できる。試しにやってみると、議論が途端にかみ合うようになるので驚くと思う。

　リアルタイムで書いていくのはスピードが要求されるので難しいが、当社の若手社員は全員漏れなくスクライブができるようになる。つまり、才能の問題ではなく、どれだけ場数を踏んでスクライブに慣れたかの違いだけだ。ぜひトライしてほしい。

　慣れてくると、書かずに進める会議が気持ち悪くなってくる。目隠し将棋がいかに異常な状態かに気づく瞬間が来るのだ。

　なお、スクライブの実例は前著の世界で一番やさしい会議の教科書で生々しく描写している。そちらも参照してほしい。

## 第3章の まとめ 「書く」ことで会議を促進する

　「書く」ファシリテーションについて解説してきた。一般的にファシリテーションというと、参加者から発言を引き出し、意見をまとめて華麗に立ち振る舞う輝くリーダーの姿を想像するかもしれない。

　しかし、可視化するだけで十分に議論しやすい環境を作れる。「会議を容易にすること、促進すること」がファシリテーターの役割なのだから、黙って書くだけでも立派に会議をファシリテーションしていることになる。

　むしろ、ファシリテーターがしゃしゃり出ず、スムーズな会議が作れるなら、その方がずっといい。ファシリテーションするなんて、高度なことは無理と思っている人もいると思うが、書くだけなら何とかなるはずだ。これも立派なファシリテーションのスタイルであると理解してもらいたい。

# 第 4 章

## 「準備する」ファシリテーションと 4つのP

ここまで基本動作①〜④を解説してきた。開始時には終了条件と時間配分を確認し、会議中は議論を可視化する。最後に決まったこととやるべきことを確認し、議論の結果を漏れなく押さえる。これらができれば、会議は相当うまくいく。

　ただし、一連の流れをスムーズに実施するには「事前準備」が必要になる。ぶっつけ本番の出たとこ勝負ができるならいいが、普通は難しい。だから基本動作⑤は会議の「準備」だ。

## 基本動作⑤会議前に、準備する

 **なぜこの基本動作が必要か**

　準備の役割は、会議の「導入」「進行」「まとめ」がスムーズに進むように、事前に会議をシミュレーションしておき、必要なものをそろえておくこと。当社では「会議は準備が8割」と、昔から言われているほど重要視している。会議がスムーズに進むかどうかは、準備段階で8割が決まってしまうというわけだ。言い換えるなら、準備がおろそかだと、会議室でいくら頑張っても、グダグダな会議を根本から立て直すのは難しいということである。

　ところであなたは「会議の準備」と言われて、何を思い浮かべるだろうか。会議室を押さえる、資料を作る、資料を印刷する、テレビ会議システムを用意する、参加者に声をかける、参加者のスケジュールを押さえる、事前に根回しをする、などかもしれない。

　「会議の準備はバッチリです。会議室も予約しましたし、資料も人数分コピーしました」と報告に来る部下の姿が目に浮かぶだろう。会議室を取るのも資料を用意するのも会議の準備には違いないが、これらは会議の準備のごく一部に過ぎない。

　ここで素朴な疑問をぶつけてみたい。そもそもどんな状況になったら、会議の準備が完了したといえるだろうか。これは会議の準備の「終了条件を確認する」ということに等しい。どんな状態になったら「準備完了」と

いえるのかがはっきりしないまま、準備ができるわけがない。

　ところが不思議なことに、会議の準備の作法を教えてくれる会社や先輩はほとんどいない。みんな自己流で、何となく準備しているのが実情だ。準備不足だと「気が利かない奴だな」なんて、上司に言われたりするが、気配りの問題ではない。そもそも会議に必要な準備の考え方が整理され、伝えられていないのが問題なのだ。当社では、**４つのＰ**をそろえたら「会議の準備完了」と明確に定義している。

 **やるべきこと**

　会議の準備とはとにかく、4つのPをそろえることだと思ってもらって構わない。4つのPは以下の要素である。

> **[会議準備の４つのＰ]**
>
> **Purpose** ＝目的やゴール（何のための会議なのか、何を達成したいのか）
> **People** ＝参加者（参加してほしい人は誰なのか、誰と議論すべきなのか）
> **Process** ＝進め方（議論をどう進めるのか、議題は何なのか）
> **Property** ＝装備（会議室や付箋、ホワイトボードなど、議論をするために必要なものは何か）

　4つのPに照らして考えてみると一目瞭然だが、会議室の予約はPropertyの1つの要素でしかないのだ。4つのPが全てそろっていないと、いい会議を作り出すことは難しくなる。

　そこで4つのPを漏れなく押さえるため、最初は**Prep（プレップ）**シート（図2）を使って会議の準備を進めることを強くお勧めしたい。

　Prepとは、まさに準備のことだ。Prepシートは、左からPurpose、People、Process、Propertyの順に、準備すべき4つのものが並んでいる。

図2 Prepシートのフォーマット

| Purpose | People | Process | | | Property |
|---|---|---|---|---|---|
| ①終了条件 | ②参加者 | ③議題 (アジェンダ) | ④進め方（シナリオ） | ⑤時間 | ⑥必要なモノと情報 |
| | | | | | |
| | | | | | |
| | | | | | |

| ⑦参加者が抱く素朴な疑問や不満は何か？ |
|---|
| |

一番左のPurposeから埋めていけばOKという作りになっている。一番下の「参加者が抱く素朴な疑問や不満は何か？」という欄は、一度考えた4つのPを見直すためのものである。

　ちなみに、前著の世界で一番やさしい会議の教科書でも登場するPrepシートとは若干、形が変わっている。本書で紹介しているのは、理解しやすいように簡素化したものだ。

　慣れてくると、簡素版のシートを使うことが多くなるので、あえてこちらを掲載した。基本的な構成は同じ。使いやすいものを選んでもらって構わない。さらに慣れてくれば、Prepシートは必要なくなるかもしれない。ノートに走り書きしたり、パソコンにメモをしたりする程度で事足りるようになる。

 押さえるべきポイント

　ここからは、4つのPを押さえるためのポイントを解説しよう。実際にPrepシートを使いながら、「7つのステップ」に沿って準備する。どうすれば、それぞれのステップを上手に押さえられるか、紹介したい。各ステップごとに勘所を見ていこう。まずは終了条件の設定からだ。

図3　Prepシートの「終了条件」を埋める

| Purpose | People | Process | | | Property |
|---|---|---|---|---|---|
| ①終了条件 | ②参加者 | ③議題（アジェンダ） | ④進め方（シナリオ） | ⑤時間 | ⑥必要なモノと情報 |
| 新入社員研修の改善案が洗い出された状態　終了条件を決める | | | | | |
| | | | | | |
| | | | | | |
| ⑦参加者が抱く素朴な疑問や不満は何か？ | | | | | |

## 1.終了条件を設定する

　1つめのPは、会議の目的やゴール、終了条件を押さえることだ。これは基本動作②と同じなので、ここでは簡単な説明にとどめる。

　次の会議で何を達成したいのか。終了条件を事前に考えておくことが重要である。会議室に行ってから、その場で終了条件を考えてもよいが、終了条件が変われば、参加すべき人も変わってくる。進め方も変えなければならない。全ては終了条件次第で変わってしまう。だから準備の段階で、会議の終了条件をはっきりさせておく。これが会議の成功確率を高めることに直結する。

　この先は、第3章で議題に挙げた「新入社員研修の改善案が洗い出された状態を作る」という終了条件を設定したと仮定して見ていこう。

## 2.参加者を決める

　終了条件が決まったら、次はPeople。参加者の設定だ。終了条件にたどり着くため、会議に誰を呼べばよいのかを考える。「新入社員研修の改善案が洗い出された状態」を作るためには、誰が必要だろうか。色々な人の顔が思い浮かぶ。

・新入社員研修の担当者
・研修に問題意識があるメンバー
・人事部長
・新人研修の事務を担う派遣社員
・新人を受け入れている部署のメンバー

　終了条件にたどり着くため、必要そうな人が参加者の候補になるのだが、全員呼ぶと人数ばかり増えて、かえって非効率になる。では、どうやって参加者を絞り込むか。参加者を3つに分類して考えるのがコツだ。

[**会議参加者の３分類**]
（A）終了条件に到達するため、呼ばないと困る人
（B）終了条件に到達するために必須ではないが、念のために呼んだ方がいい人
（C）終了条件に到達するため、呼ばない方がいい人

**図4　参加者の３つの分類**

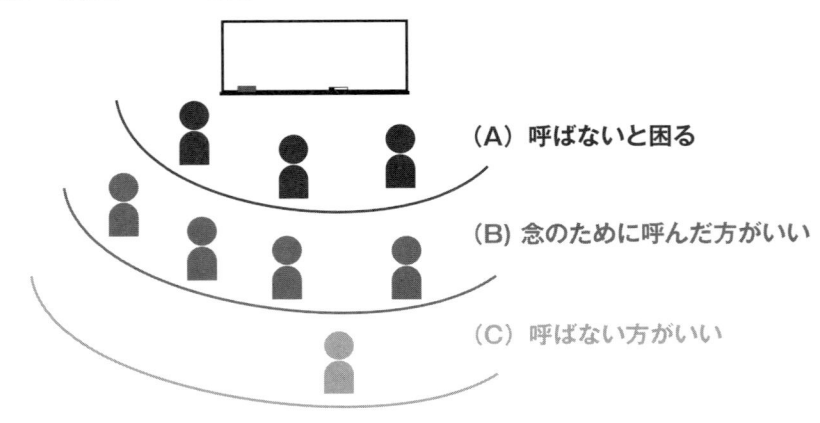

このように3つに分類すると、(A)と(B)の人を呼ぶケースが多くな
るはずだ。(A)の人は必須として、(B)の人は「いないよりは、いた方
がまし」と考えられるからだ。

しかし、それは間違っている。会議に関心が薄い(B)の人たちは発言
もせず、会議中に内職している確率が高くなる。そうなると、ほかの参加
者にマイナスの影響を及ぼす。少人数で集まって意見が活発に出る会議
と、大人数で集まっても一部の人だけが発言している会議をイメージして
みると分かるだろう。

(B)の人たちも、相当つまらない会議に呼ばれたなと感じるはずだ。ム
ダな会議に出ていると思うだろう。だから極力、(A)の人たちだけで会議
をした方がよい。

(C)の人たちは通常、ほとんどいない。あの人が来ると困る、あの人を
呼ぶと厄介なことになる、という人は、実はそうそういない。そう考える
と、参加者選びは「(B)の人たちをどう扱うか」が肝になると考える。

(A)と(B)を見分けるコツは「この人がいなかったら、何が起こるか」
と想像してみることだ。終了条件を達成するうえで、会議についてもらわな
いとまずいことが起きると思えるなら(A)、いなくても何も起こらなそ
うに思える人は(B)に属する。

図5 Prepシートの「参加者」を埋める

| Purpose | People | | Process | | | Property |
| --- | --- | --- | --- | --- | --- | --- |
| ①終了条件 | ②参加者 | | ③議題(アジェンダ) | ④進め方(シナリオ) | ⑤時間 | ⑥必要なモノと情報 |
| 新入社員研修の改善案が洗い出された状態 | 新入社員研修の担当者<br>研修に問題意識があるメンバー<br>新人を受け入れている部署のメンバー | 参加者を決める | | | | |

⑦参加者が抱く素朴な疑問や不満は何か？

先ほど挙げた新入社員研修の見直しをする会議に呼ぶ人の候補を（A）、（B）、（C）に分類すると、新入社員研修の担当者は当然（A）。研修の内容を理解している人がいないと、何も始まらない。研修に問題意識があるメンバーも（A）。問題提起した人がいないと、これまた議論が始まらない。

　人事部長は（B）。中身を知っておいてもらえたら、情報共有の手間が省ける程度である。新人研修の事務を担う派遣社員も（B）。もしかしたら事務が変わるかもしれないから、念のために呼んでおこうかという程度だろう。新人を受け入れている部署のメンバーは（A）だ。現場の問題意識を理解できないと、議論がズレる可能性がある。こんなふうに分類していく。

　すると、まずは新入社員研修の担当者と研修に問題意識があるメンバー、そして新人を受け入れている部署のメンバーの3人だけを呼んで議論すればよいことになる。とはいえ、会議を始めてみると、（B）の人も必須だったなと気づく場合がある。そうなったら、会議を仕切り直せばよいだけだ。

　全てを終了条件を軸に考える癖を付けよう。そして終了条件にたどり着くために「必須の人だけ」を会議に呼ぶ。役職や立場は二の次だ。この3つの分類が的確にできると、会議に参加する人数が絞られて、密度の濃い議論がしやすくなる。

# 「念のために呼んだ方がいい人」が会議に来たらどうする？

　「会議の参加者は必要な人だけに絞り込みたいのですが、どうしても『念のために呼んでおいた方がいい人』が会議に出てくるんです。どうしたらいいですか」という質問をよくもらう。確かに組織の都合で「念のために呼んだ方がいい人」が会議に参加することもあるだろう。

　こうして本来なら呼ぶ必要がない人が参加することになったときは堂々と「この人は（B）で、今回の会議に必須のメンバーではありません」と冒頭で宣言してしまうことをお勧めする。もちろん、表現には十分注意しよう。こんな言い回しで、今回参加することになった経緯を話しておくとよい。

　「今日は田中さんに来てもらいましたが、メインの参加者ではなく、オブザーバーとしての立場で参加してもらおうと思っています」「田中さんには議論の結果を後から報告しようと思っていたのですが、『結論だけではなく、議論の熱量も感じておきたい』というお話をいただいたので、来てもらいました」という感じだ。

　あるいは「今日は田中さんが来ていますが、基本的には同席してもらうだけです。議論の雰囲気をつかんでもらいたいからです。田中さん、ちょっと暇かもしれませんが、片耳参加ということでお願いします」なんて伝え方もある。

　そうすると、（B）の人は自分の役割を自覚できるので、会議に無用な不満を持つことは少なくなる。何なら内職してもらって構わない。（B）の人であることが明確になれば、（B）の人の発言が少なくても、場に与えるマイナスの影響はごくわずかだ。また、（B）の人を呼ぶときには必ず、その人の立場や役割を明確にしておくのが鉄則である。ほかの参加者に「なぜこの場に田中さんがいるんだ？」と疑問に思わせてしまうのが一番よくない。

3.議題（アジェンダ）を洗い出す

終了条件と参加者が決まったら、議題（アジェンダ）を考える。何をど
の順番で議論すれば、会議の終了条件に到達できるかをシミュレーション
するのだ。

その際、会議の王道プロセス（図6）を知っておくと、それをベースに
カスタマイズできるようになる。

会議の種類によって、プロセスは変わる。最大でStep6まであるが、
「導入」と「まとめ」はどのパターンでも同じ。導入で終了条件と議論の
進め方、時間配分を確認し、まとめで決まったこととやるべきことを確認
する。これは基本動作①と②そのものだ。

Step1〜6は会議の種類によって異なるが、「報告」の会議は最もStep
数が少なく、プロセスとしては単純だ。報告して、質疑応答すればよい。

一方で「課題解決」の会議になると、最もStep数が多くなる。課題解
決が難しいのは、Stepの多さも一因なのだ。Step1に時間をかけるべき
か、それともStep3に時間を割くべきか。状況によって異なってくる。

また、「方針検討」や「課題解決」の会議は、1回で議論し尽くすには

図6　会議の王道プロセス。導入とまとめは共通だが、会議の種類によってプロセスはStep1〜6まである

| 種類 ＼ Step | 導入 | Step1 | Step2 | Step3 |
|---|---|---|---|---|
| 報告 | 終了状態と進め方確認 | 報告 | Q&A | |
| 情報収集 | 終了状態と進め方確認 | 背景説明 | 欲しい情報の枠組み提示 | ヒアリング |
| 承認 | 終了状態と進め方確認 | 承認依頼事項の明示 | 承認依頼事項の明示 | Q&A |
| 方針検討 | 終了状態と進め方確認 | 背景説明 | 選択肢の洗い出し | 絞り込み基準の合意 |
| 課題解決 | 終了状態と進め方確認 | 事象の確認 | 困り事の確認 | 原因の分析 |

無理があり、会議を複数回に分けて実施する場合が多くなる。会議の回数に縛られる必要はないが、準備の参考にはなるだろう。

　先ほどの例でいうと、新入社員研修の改善案が洗い出された状態を作るには、課題解決をカスタマイズして、下のような議題（アジェンダ）を設定してみる。

---

新入社員研修の改善案が洗い出された状態を作るための議題案
1.導入
2.現状の問題点を確認
3.見直し案のブレーンストーミング
4.挙がった案の重複をまとめ、全体を確認
5.まとめ

---

　これをそのまま、Prepシートに記入していけばよい。

| Step4 | Step5 | Step6 | まとめ |
|---|---|---|---|
| | | | 決定事項確認 |
| | | | 決定事項確認 |
| 承認判断 | | | 決定事項確認 |
| 評価・取捨選択 | | | 決定事項確認 |
| 解決策の洗い出し | 絞り込み基準の合意 | 評価・取捨選択 | 決定事項確認 |

図7　Prepシートの「議題（アジェンダ）」を埋める

| Purpose | People | Process | | | Property |
|---|---|---|---|---|---|
| ①終了条件 | ②参加者 | ③議題（アジェンダ） | ④進め方（シナリオ） | ⑤時間 | ⑥必要なモノと情報 |
| 新入社員研修の改善案が洗い出された状態 | 新入社員研修の担当者<br><br>研修に問題意識があるメンバー<br><br>新人を受け入れている部署のメンバー | | 導入 | | |
| | | | 現状の問題点を確認 | | |
| | | | 見直し案のブレーンストーミング | | |
| | | | 挙がった案の重複をまとめ、全体を確認 | | |
| | | | まとめ | | |

議題（アジェンダ）を決める

⑦参加者が抱く素朴な疑問や不満は何か？

## 4.進め方（シナリオ）を検討する

　次に議題（アジェンダ）ごとに、会議の進め方（シナリオ）を考える。どう進めたら、スムーズに議論できるのかを事前に考えるのだ。

　議題はあくまでも、「何を議論するか」を示したもの。そこでもう一段深く、「どうやって議論するか」まで考えておかないと会議のシミュレーションにはならない。例えば、「現状の問題点を確認」という議題だけを見ても、図8で示す通り、進め方（シナリオ）は無数に考えられる。そしてこのなかからベストだと思える進め方を選択し、Prepシートに記入しておけばよい。

　大事なのは、会議の情景がありありと目に浮かぶレベルまで進め方を具体的に考えることだ。この作業をおろそかにしている会議が、世の中には多すぎる。議題を設定した段階で「準備はできた」と安心してしまい、「進め方はみんなにお任せします」というのは乱暴な話だ。

　実際にやってみると分かるが、シナリオまで描いてようやく、会議の情景がイメージできる。議題（アジェンダ）だけだと、会議の設計をした気分にはなれるが、会議の様子までは想像できない。

図8　「議題（アジェンダ）」に対し、無数の「進め方（シナリオ）」が考えられる

| 何を議論するか<br>（議題＝アジェンダ） | どうやって議論するか<br>（進め方＝シナリオ） |
|---|---|
| 現状の問題点を確認 | 案1：思い付いた問題点をその場で発言してもらい、会議の主催者がホワイトボードに書き留めていく |
| | 案2：参加者には事前に問題点を考えておいてもらい、メールを回してもらう。会議当日は各自の意見を集計したものを用意し、それらを見ながら過不足がないかを確認する |
| | 案3：会議の主催者が考えている問題点をたたき台として列挙し、参加者全員でそれらを見ながら過不足がないかを議論する |
| | 案4：会議室で時間を取って、付箋に意見を書き出してもらう |
| | 案5：事前に現場でヒアリングした結果を基に議論する |

　参加者がどんなふうに議論するのか、その場はどんな雰囲気か。会議を事前にシミュレーションすることで、会議の質も効率もグッと高まるというわけだ。

　勘違いのないように念のために言っておくと、事前に会議の落としどころを決めておき、予定調和な会議をしよう（そのためのシナリオを作ろう）と言っているわけではない。あくまでも会議の準備の話をしているのであり、実際に会議が始まったら、状況に応じて進め方を変えることもしょっちゅうある。それで構わない。

　むしろ、事前に作ったシナリオにこだわっていてはいけない。シナリオが大事なのではなく、事前にシナリオを考えるプロセスが重要なのだ。事前に会議のシミュレーションができていれば、不測の事態に対応しやすくなる。

## 5.時間配分を設定する

　次に、議題（アジェンダ）ごとに必要な時間を設定する。議題レベルだと話し合う時間を考えづらいが、進め方（シナリオ）まで考えられていれば、精度の高い時間設定ができる。設定の仕方は、基本動作③と同じである。

図9　Prepシートの「進め方（シナリオ）を埋める」「時間を設定する」

| Purpose | People | Process | | | Property |
| --- | --- | --- | --- | --- | --- |
| ①終了条件 | ②参加者 | ③議題（アジェンダ） | ④進め方（シナリオ） | ⑤時間 | ⑥必要なモノと情報 |
| 新入社員研修の改善案が洗い出された状態 | 新入社員研修の担当者<br><br>研修に問題意識があるメンバー<br><br>新人を受け入れている部署のメンバー | 導入 | 今日の終了条件に合意する | 5 | |
| | | 現状の問題点を確認 | 会議の主催者が考えている問題点をたたき台として列挙し、参加者全員でそれらを見ながら過不足がないかを議論する | 30 | 進め方（シナリオ）を決める |
| | | 見直し案のブレーンストーミング | … | 20 | |
| | | 挙がった案の重複をまとめ、全体を確認 | … | 20 | 時間を決める |
| | | まとめ | 決まったこと、やるべきことを確認する | 5 | |
| ⑦参加者が抱く素朴な疑問や不満は何か？ | | | | | |

## 6.必要なモノと情報を押さえる

　最後のPは「装備」だ。必要なモノと情報を押さえる。装備というと通常は、会議室や資料といったハードを思い浮かべる人が大半を占める。会議室を手配するのはもちろん大事だが、見過ごされがちなのはソフト、つまり議論に必要な「情報」である。

　何らかの結論を出すために必要な情報がその場にそろっていない状態で議論を始めてしまうと、グダグダになる。大事な装備として、情報こそしっかりと準備しておきたい。

　これも議題（アジェンダ）ごとに必要な情報を想像してみると考えやすい。例えば、「問題点の候補を事前に整理しておかないと議論にならないだろうな」「意思決定するには他社の状況が分かっていないとつらいな。事前にまとめておこう」など。

　シナリオを見ていると、自然に必要になる情報が分かってくる。これが会議をシミュレーションする狙いだ。シミュレーションをせずに、いきな

**図10　Prepシートの「必要なモノと情報」を埋める**

| Purpose | People | Process | | | Property |
|---|---|---|---|---|---|
| ①終了条件 | ②参加者 | ③議題（アジェンダ） | ④進め方（シナリオ） | ⑤時間 | ⑥必要なモノと情報 |
| 新入社員研修の改善案が洗い出された状態 | 新入社員研修の担当者 | 導入 | 今日の終了条件に合意する | 5 | |
| | 研修に問題意識があるメンバー | 現状の問題点を確認 | 会議の主催者が考えている問題点をたたき台として列挙し、参加者全員でそれらを見ながら過不足がないかを議論する | 30 | □付箋 □問題点の候補を整理しておく |
| | 新人を受け入れている部署のメンバー | 見直し案のブレーンストーミング | … | 【必要なモノと情報を考える】 | □… |
| | | 挙がった案の重複をまとめ、全体を確認 | … | | □… |
| | | まとめ | 決まったこと、やるべきことを確認する | 5 | |

| ⑦参加者が抱く素朴な疑問や不満は何か？ |
|---|

り会議の資料を作り始める人をよく見かけるが、それがどれほど無意味なことか、これで理解できると思う。シミュレーションをしないで資料を用意しようとするのは、今すぐやめてもらいたい。

　ここまでシミュレーションして初めて、的を射た資料を作成できる。モノを用意するのは最後でいい。

## 7.参加者が抱く素朴な疑問や不満を考え、4つのPを見直す

　4つのPがそろったら、改めて全体を通して会議のシミュレーションをしてみる。「Prepシートの通りに会議を進めたら、参加者はどう思うだろうか」という視点で振り返ってみる。

　そのためにもPrepシートの下の欄に「参加者が抱く素朴な疑問や不満」を書き出してみよう。あくまでも想像のレベルで十分だ。「こんなことを感じるのではないか」「こんな不満を持つんじゃないか」といった仮説でよい。新人研修のケースだと、参加者はこう感じるかもしれない。

・そもそも、なぜ新入社員研修を見直すのか？
・どのくらい、費用や人手をかけてよいのか？
・この後、どうやって実行まで持っていくのか？
・誰の承認が必要なのか？

　こうして、書き出した疑問や不満を見ながら、再度4つのPを見直す。一度は参加者の立場になって考えてみることだ。もし、なぜ新入社員研修を見直すのかと参加者が疑問に思うようなら、アジェンダの1つに「背景の確認」というパートを入れておいた方が良さそうだと分かる。だから議題を1つ足しておく。

　こんなふうに参加者の気持ちを汲んで、会議のシナリオを何度も見直していく。主催者が自分の視点だけで会議を組み立てると、参加者を置き去りにしてしまう可能性がある。そこで一度は参加者の視点に目線をシフトしておくと、会議の質を一層高められる。

　これでPrepシートは完成だ。後は会議の冒頭で「こんなふうに進めようと思っていますが、どうですか？」と確認し、議論を始めればOK。事前に議論の流れを通知しておいてもよい。参加者も全体の流れをイメージできた状態で参加できるので、よりスムーズに安心して会議を進められる。

図11 Prepシートの「素朴な疑問や不満」を考えて、Prepシートを見直す

| Purpose | People | Process | | | Property |
|---|---|---|---|---|---|
| ①終了条件 | ②参加者 | ③議題<br>(アジェンダ) | ④進め方（シナリオ） | ⑤時間 | ⑥必要なモノと<br>情報 |
| 新入社員研修の<br>改善案が洗い出<br>された状態 | 新入社員研修<br>の担当者 | 導入 | 今日の終了条件に合意<br>する | 5 | |
| | 研修に問題意<br>識があるメン<br>バー | 背景の確認 | ・資料を用意して、ざっ<br>と読んでもらう<br>・重要なポイントだけ口<br>頭で補足する<br>・不明点を質問してもらう | 10 | □説明資料 |
| | 新人を受け入<br>れている部署<br>のメンバー | 現状の問題点<br>を確認 | 会議の主催者が考えて<br>いる問題をたたき台と<br>して列挙し、参加者全員<br>でそれを見ながら過不<br>足がないか議論する | 30 | □付箋<br>□問題点の候補<br>を整理してお<br>く |
| | | 見直し案のブ<br>レーンストー<br>ミング | … | 20 | □… |
| | | 挙がった案の<br>重複をまとめ、<br>全体を確認 | … | 20 | □… |
| | | まとめ | 決まったことやるべ<br>きこと | 5 | |

 疑問や不満を考え、4つのPを見直す

⑦参加者が抱く素朴な疑問や不満は何か？
・そもそも、なぜ新入社員研修を見直すのか？
・どのくらい、費用や人手をかけてよいのか？
・この後、どうやって実行まで持っていくのか？
・誰の承認が必要なのか？

## 始め方のヒント

### 【あなたが会議を仕切るなら（その1）】

　あなたが仕切る会議で準備の基本動作を取り入れるのは、決して難しくないはずだ。1人でこっそりとPrepシートを作ればよいのだから。

　全ての会議で毎回、Prepシートを作る必要はない。しかし慣れるまではシートを使って考えてみると、準備の感覚がつかめてくる。慣れてきたらPrepシートは使わなくてよいかもしれないし、毎回全部の要素を埋める必要もない。

ただし、考えるべき4つのPは、どんな会議でも変わらない。シートに書き出す必要はないが、要素を考えなくてよいわけではない。そこは誤解しないでほしい。慣れてきたとしても、常にPrepシートを頭に描きながら、準備をするのが理想である。

 **【あなたが会議を仕切るなら（その2）】**

　Prepシートを書いたら、周りに見せて相談してみると、準備の質はさらに高まる。誰でも1人で準備するのは不安なものだ。会議当日まで隠しておく必要はない。「このゴール設定で大丈夫か?」「ほかの参加者と考えていることが違っていたら、どうしよう」なんて思うのが普通だ。

　そこで参加者の1人に事前に声をかけてPrepシートを見てもらい、「こんな進め方にしようと思っているんだけれど、どうかな?」と聞いてみる。もし考え方が違っていれば、その時点で修正できる。

 **【あなたが会議を仕切るなら（その3）】**

　会議の準備を部下に任せることもできる。スクライブと同様に、Prepシートを使った会議の設計は若手の育成にもってこいだ。

　会議の準備を任されることに不安を感じる若手も多い。しかし、ビジネスパーソンに会議は付きもの。いつかは乗り越えなければならない。

　そこでPrepシートの使い方を教え、まずは自分なりに書かせてみる。すると部下が何を考えているのか、何が不足しているのかが手に取るように分かる。

　紙になっているので、指導もしやすい。準備した内容と実際の会議の差を肌で感じることも、いい経験になる。シミュレーションと現実は異なって当然だ。

　それでも自分で事前に会議を設計していれば、実際の会議で発言しやすくなる。こうした副次効果をうまくものにすると、会議の品質向上だけで

なく、若手の育成に大きく寄与できる。

　もう1つ、上司がPrepシートを作成し、部下に説明したうえで、会議で使う資料作りを依頼する手もある。部下は会議の流れをイメージした状態で資料作りができるから、手戻りが少なくて済む。

【あなたが会議を仕切るなら（その4）】

　Prepシートを会議の事前招集システムに組み込むこともできる。会議の開催や招集の通知を出す際に、「会議の終了条件と主な論点、アジェンダ、時間配分」を記載しておく。会議に呼ばれた人は終了条件や進め方をあらかじめイメージできるので、「これならオレは出なくてもいいや」「彼（彼女）が来ないと話にならないよ」といった判断ができる。会議の終了条件が不明確なら、会議への参加を拒否することだってできる。

【あなたが会議の参加者なら】

　会議の参加者の1人だと、できることは限られるかもしれない。だが他人が仕切る会議に参加しながら、「この会議は4つのPのうち、どの要素がしっかり準備できていて、どの要素が不足しているか」を観察してみるといい。何が原因でグダグダ会議に陥っているのかがはっきりする。

　グダグダになる原因が分かれば、隠れファシリテーターとして、自ら有効なサポートをしやすくなる。自分が会議を主催するときの教訓にもなる。

基本動作⑤のまとめ
4つのPが全部そろって準備完了

　会議の準備の全体像を、改めて正しくとらえてもらいたい。会議の準備
をおろそかにしている会社が本当に多すぎるからだ。会議室の予約は準備
のほんの一部に過ぎない。もっと大事な準備があることを、きちんと理解
してほしい。それには4つのPで会議の全体像をとらえる癖を付ける。ま
た、4つのPはこの順番通りに進めなければならない。

**図12　Prepシートは左から右へ考える**

| Purpose | People | Process | | | Property |
|---|---|---|---|---|---|
| ①終了条件 | ②参加者 | ③議題（アジェンダ） | ④進め方（シナリオ） | ⑤時間 | ⑥必要なモノと情報 |
| 新入社員研修の改善案が洗い出された状態 | 新入社員研修の担当者<br><br>研修に問題意識があるメンバー<br><br>新人を受け入れている部署のメンバー | 導入 | 今日の終了条件に合意する | 5 | |
| | | 背景の確認 | ・資料を用意して、ざっと読んでもらう<br>・重要なポイントだけ口頭で補足する<br>・不明点を質問してもらう | 10 | □説明資料 |
| | | 現状の問題点を確認 | 会議の主催者が考えている問題点をたたき台として列挙し、参加者全員でそれらを見ながら過不足がないかを議論する | 30 | □付箋<br>□問題点の候補を整理しておく |
| | | 見直し案のブレーンストーミング | … | 20 | □ … |
| | | 重複をまとめ、全体を確認 | | | |
| | | まとめ | 決まったこと、やるべきことを確認する | 5 | |

（左から右に考えていく）

⑦参加者が抱く素朴な疑問や不満は何か？
・そもそも、なぜ新入社員研修を見直すのか？
・どのくらい、費用や人手をかけてよいのか？
・この後、どうやって実行まで持っていくのか？
・誰の承認が必要なのか？

まず目的（Purpose）が決まり、次に目的を達成するために必要な人（People）が決まる。その人たちとゴールを達成するためのプロセス（Process）が決まって、最後に必要な装備（Property）が決まる。

いきなり装備を考えても「会議室を取る」くらいしかできない。4つのPは全部つながっている。4つのPを全て考えて、初めて「準備ができた」と言えるのだ。

ここまで解説すると「会議の準備はバッチリです。会議室も取りましたし、資料も人数分、用意しました」といった発言がいかに的外れであったのか、実感できると思う。

### 第4章のまとめ 「準備する」ファシリテーションをおろそかにするな

会議の準備はしておいた方がいいと、誰もが分かっているのに、「面倒だから」「手間をかけた割には効果が薄いから」といった理由で、手を抜く傾向が見られる。私に言わせれば、会議の成功は「準備が8割」なのに。ちゃんと準備をして、いい会議にしようという意識がなぜか働かないのが実情だ。

だが、上手なファシリテーションや効率的な会議の裏には、必ずしっかりした準備がある。準備が会議の質を決めるといっても過言ではない。

そこで登場するのがPrepシートである。これを使いこなせるようになれば、誰でも効果的な準備ができるようになる。しばらくはPrepシートの運用を続けてみて、準備の本質を押さえる感覚を身に付けてほしい。慣れてくれば、通勤中にスマートフォンでメモをする程度でも、十分に準備できるようになる。

## （コラム） 会議の準備にどのくらい時間をかけるべきか？

　会議の準備と進行についても質問を受けることがある。よくある質問とその回答を2つ紹介しておく。

**よくある質問1**　「1時間の会議のために、5時間もかけて準備をしろというのか？」「会議の準備と、実際の会議をどの程度の時間配分で行うのが適正か？」

　確かに真っ当な質問である。基本的な考え方はこうだ。「準備時間」と「会議の参加者数×会議時間」　を天秤にかけて、総時間が最小になるようにバランスを取る。例を挙げるとこうなる。

（A）1人で準備0時間 + 10人で会議3時間 = 30時間
（B）1人で準備1時間 + 10人で会議2時間 = 21時間
（C）1人で準備8時間 + 10人で会議1時間半 = 23時間

　目指すべき時間のバランスは、ズバリBだ。よくあるグダグダ会議は、準備が全くないAタイプ。逆にお膳立てができており、承認や確認するだけのシャンシャン会議はCタイプ。どちらも健全とはいえない。

　準備時間は会議の時間だけに比例するものではない。会議の参加者数によって変化する。短時間の会議でも、会議に参加する人が多くなればなるほど、事前にしっかりと準備しておいた方がいい。先に紹介したPrepシートを使いながら、4つのPを埋めておく。

　大人数の会議でグダグダになると、この後に紹介する基本動作⑥〜⑧を駆使しても、立て直すのは至難の技だ。そうならないためにも、準備を入念にしておく。

**よくある質問2** 「理屈は理解できるが、4つのPをそろえるのは時間がかかり過ぎる。毎回4つのPを全て準備しなければいけないのか？」

答えはノーだ。毎回、全部準備する必要などない。4つのPを全て押さえた準備は1つの理想形であって、状況に応じて一部だけ考えればよいケースもある。

例えば、参加者数が少なく会議時間も短い、ちょっとした会議なら、「目的（終了条件）」だけは事前に考えておき、後は議論しながら決める。人数が限られているなら、「進め方（シナリオ）」は参加者と一緒にその場で決めた方がいいこともある。一方、20人が集まる2時間の大会議だとしたら、4つのPを全てしっかりと押さえておいた方がいいだろう。

会議に参加する人数や時間の長さに応じて、事前に4つのPをどこまで考えるかは自分で決めればよい。ただし、4つのPを全く考えないまま、会議を始めるのだけはなし。考えるべき要素はきちんと頭に入れたうえで、事前に準備しておく要素と、会議の場で決める要素を切り分けてほしい。柔軟に準備の範囲と深さを変えていこう。

# 第 5 章

## 「矢面に立つ」ファシリテーションと合意形成の氷山モデル

いよいよ「矢面に立つ」ファシリテーションになる。会議を仕切るファシリテーションといってもよい。終了条件と議論のプロセスが明確であり、スクライブで論点を示しながら会議をすれば、議論の発散や脱線は相当防げる。ところが、そもそも「意見が出ない」「良いディスカッションができない」といった問題は依然として残っている。会議の場をどうコントロールするかは、それこそファシリテーターの腕の見せどころだ。

## 基本動作⑥会議中に、全員から主張を引き出す

 なぜこの基本動作が必要か

会議は議論の場なのだから、できる限り多様な意見を参加者から引き出したい。ところが実際は発言する人が偏っていたり、全体的に発言が少ない（出ない）ことはよくある。

より多くの意見を出し合い、最終的には「オレのA案」でも「あいつのB案」でもない**より良い第3案**を見つけることが、わざわざ会議を開く本質的な価値になる。

だから一部の人しか発言しない会議や、ほかの人の顔色をうかがって発言するような会議はそれだけで議論の質が落ちる。同時に、結論に対する納得度も下がる。発言しない人が出てくるのにはいくつかの理由があり、大きく5つに分類できる。

---

**［会議で黙っている人の5分類］**

（A）議論についていけない

（B）何かモヤモヤした思いがあるが、まとまっていない

（C）言いたいことはあるが、遠慮している

（D）ほかの人と同じ意見なので、わざわざ発言しなくてもよいと考えている

（E）そもそも今回の議論に興味がない

---

（D）ほかの人と同じ意見なので、わざわざ発言しなくてもよいと考えているなら問題ないが、（A）議論についていけないとか、（B）何かモヤモヤした思いがあるが、まとまっていない、（C）言いたいことはあるが、遠慮している人たちがいるなら、有益な意見を取り逃している可能性が高い。そのうえ、（A）～（C）の人たちを置き去りにして結論を出しても、納得してもらえない。往々にして、後から物言いがついたりする。そのため会議で黙っている人がいたら、その場でケアをして、特に（A）～（C）の人たちからも主張を引き出す工夫をしなければならない。

「発言するもしないも自己責任。黙っている人は放っておいてよい」と考えてはいけない。何らかの理由があって「発言したくてもできなかった」と考えて、ちゃんと手を打つ。

ちなみに、（E）の人のように今回の議論に興味や関心がないのは本人の問題もあるだろうが、「基本動作⑤会議前に、準備する」の設定がそもそもおかしい可能性がある。本人のせいにする前に、まずは基本動作⑤を再確認しよう。

 ## やるべきこと

やるべきことは、誰もが自由に言いたいことを言えるように、意見が出やすい環境を作ること。ファシリテーターに意見を「言わされる」のは、目指すべき状態ではない。それぞれが自分の頭で考えて、自然に口から意見があふれ出てくるような状態を作れるなら、その方がいいに決まっている。

しかし、ファシリテーターは会議の進行状況に気を使うことは多くても、発言しやすい環境作りに気を向けているケースは少ない。「参加者にはたくさん意見を出してもらいたい」「自由闊達な発言をしてもらいたい」とみんな思っているにもかかわらず、発言しやすい環境を作ることは軽視している。

そのくせ、黙っている人たちに対して「何か意見はないのか？」と、強

引に意見を引き出そうとしてしまう。まるで北風と太陽の童話のようだ。もっとも、誰もが発言しやすい環境を作るのは容易ではないのも確か。そこでポイントを4つ紹介しよう。

 押さえるべきポイント

**ポイント1** 発言に共感し、肯定する

発言に共感し、発言を肯定すると、参加者は自然に「もっと発言しよう」という気持ちになる。具体的には次の4点を意識して、共感や肯定を行動や言葉で示せばよい。

---

[共感・肯定の4動作]

（A）発言に対して興味を示す
（B）うなずいて、共感や同意する
（C）発言に感謝する、褒める
（D）オウム返しをする、言い換える

---

こうした言動をせずに、部下に「ほかに意見はないのか？」とほえている管理職が世の中には多い。NG例とOK例をそれぞれ見てみよう。

誰かが「A案の懸念事項は××じゃないですか」と発言したとする。ファシリテーターは腕組みをしたまま、「うーん、ほかに意見はあるか？」と周囲に別の意見を求める。これは典型的なNG例だ。

発言に興味を示さず、感謝もしていない。こんな反応をされたら、発言した人はどう感じるだろうか。少なくとも、この発言者は「また意見を言おう」とは思わないだろう。部下の発言を拾おうとせずに、無視や否定する人が非常に多い。

一方、OK例はファシリテーターが発言者の方に向き直り、「なるほど。確かに××は問題かもしれませんね」とうなずきながら、指摘してくれた

発言に対して共感し、肯定する

ことに対して礼を言う。

　たったこれだけの違いだが、その後の雰囲気が全く違ってくる。先ほどの4つの振る舞いをきちんと押さえているからだ。

---

**［共感・肯定の4動作と実際の言動］**

（A）発言に対して興味を示す：発言者の方に向き直り、発言に興味があることを体の動きで示している

（B）うなずいて、共感や同意する：「確かに」とうなずくことで、発言に共感している

（C）発言に感謝する、褒める：さらりとお礼を言うことで、発言してくれたことに感謝する

（D）オウム返しをする、言い換える：多少言葉使いを変えながらも「××は問題かもしれませんね」と、ファシリテーターが発言を繰り返し、もう一度同じことを言う

---

　ここまでやると、発言者は「意見して良かった」と感じられるようになる。この積み重ねが後々に効いてくる。行動分析学の世界では「行動随伴

性」という概念がかなり研究されている。人は発言を否定されたり、無視されたりすると、次から発言しなくなる。当然のことだ。逆に発言して良い反応が返ってくると、また発言しようと思う。

ほかにも「いい指摘だね。確かに××という懸念はありそうだな」とか、「ご意見、ありがとうございます。その観点が抜けていましたね」「おっと、その視点は気づかなかった」なんて伝えるのもグッドだ。

とにかく発言に対して「共感する、肯定する、感謝する」ことが、会議での発言量を増やす土台になる。これを続けると、じわじわと効果が出てくる。

部下の発言を拾おうともせずに、否定ばかりする上司が非常に多いが、目指すべき会議の姿を考えると逆効果でしかない。

### ポイント2　場の雰囲気を作る

発言しやすい環境を作るためには、場の雰囲気を作っていく必要がある。重苦しい雰囲気の会議で、発言量が増えるわけがない。会議の雰囲気を意図的にコントロールすることで、発言量もコントロールできる。

会議の雰囲気を決めるのはファシリテーターだ。ファシリテーターの空気感が、そのまま場の空気感になると心得てほしい。だから作りたい空気感に応じて、ファシリテーターが自分自身の雰囲気をコントロールすればよい。

引き締まった雰囲気の会議にしたければ、会議を始める前の10分間をピシッとした雰囲気で過ごせばよい。参加者と雑談もせず、会議の導入も緊張感を漂わせながら進める。「今日の終了条件はこう考えています。よろしいですか？」といった感じで。これで自然に堅い雰囲気の会議になる。重要な意思決定の場は、この方がいいかもしれない。

逆に、ざっくばらんとした雰囲気の会議にしたければ、会議の前に参加者と雑談するのがいい。笑いが出るくらいでちょうどよい。

会議の導入もくだけた言葉を選び、テンション高く始める。「今日はこの状態まで持っていきたいんだよね。みんな、どう？いけそう？」。こん

な感じだ。このとき、参加者にも話を振って、対話を増やせるとなおいい。参加者に「自分も会議の一員である」という感覚を持ってもらえると、雰囲気が柔らかくなって活発になる。自由に意見を出し合いたいときは、こちらの方がいいかもしれない。

　こう書くと当たり前のように思えるが、意識してやっている人はほとんどいない。だがプロのファシリテーターは会議の雰囲気作りを本当に大切にしている。

　雰囲気が悪いなかでするファシリテーションほど苦しいものはない。場の雰囲気ができていないと、どんなテクニックを駆使しても、焼け石に水だ。逆に雰囲気が良ければ、議論は勝手に進んでいく。

### ポイント3　名指しする

　ファシリテーターが参加者を名指しして発言を引き出すことも、話しやすい環境を作るうえでは効果的だ。どれだけ発言しやすい雰囲気を作っても、やはり自分から積極的に手を挙げて発言するのはハードルが高い。だからそっと水を向けて、発言を促す。

　だからといって、「誰か意見はありませんか？」と言ってもあまり意味がない。こう言われると「発言しようかな」「やめようかな」「今こんなことを言ってもいいのかな」という思考に陥る。参加者が周囲の空気を読み始めてしまい、これが発言のハードルになる。

　相手に話を振るときは「名指し」が原則だ。「××さんはどう思いますか？」と聞く。こうすると、名指しされた本人も悩む必要がなくなる。指名されたのだから、発言するしかない。

　つまり、「発言する、しない」で悩むのではなく、「何を発言するか」で悩む状態を作る。発言を引き出したいのなら、発言しないという選択肢はなくしてしまえばよい。

　では、誰を名指しすればよいか。名指しするときのコツは、参加者をよく観察することだ。やみくもに名指ししても「特に何もないです」と言われて、終わってしまうかもしれない。参加者の顔色や振る舞いを見ている

と、誰から意見を引き出すべきかが分かってくる。会議のファシリテーターには観察力も求められる。

　ここで、言語と非言語がコミュニケーションに与える影響を示した「メラビアンの法則」を紹介しておきたい。非言語なコミュニケーションの重要性を説明した法則だ。話し手が聞き手に与える影響は「言語」「聴覚」「視覚」の3つの情報から構成され、それぞれの影響力は以下の割合だとされている。

・言語情報（話の内容）：7%
・聴覚情報（声のトーンや会話の早さ）：38%
・視覚情報（表情や身ぶり手ぶり）：55%

　視覚情報から受ける影響が55%、つまり過半数を占めている。そのため相手の顔を見ていないと、本来得られる情報の半分以下しか手に入らないことになる。顔を上げて、相手を観察すれば、表情や身ぶり手ぶり、姿勢、視線、体から発する雰囲気などを感じ取れる。声だけのときに比べて、はるかに多くの情報が視覚から手に入る。そのことを知っていれば、「彼（彼女）は何か言いたそうだな」「ちょっと納得してなさそうだな」なんて雰囲気をすぐにキャッチできる。そのサインに気づいたら、すぐさま名指しで話を振ればよい。

　会議が始まると、下を向いて資料ばかり見ているリーダーがいる。これがいかにナンセンスか、分かってもらえるだろう。ファシリテーターはとにかく顔を上げ、参加者をじっくり観察して、発言を促すタイミングを逃さないでもらいたい。

### ポイント4　3つの質問を使い分ける

　名指しで発言を促すことで発言量は増やせるが、もっと増やしていくには、単に「どうですか？」と相手に話を振るだけではなく、3つの質問を使い分けるのが有効だ。

　プロのファシリテーターは無数の質問パターンを持っていて、状況に応じて細かく使い分けている。だが基本的には3つの質問だけ押さえておけばよい。

```
[ファシリテーターの基本的な3つの質問]

（A）発言を正確に理解する質問：「具体的には？」
（B）発言の真意を理解する質問：「なぜそう思うのですか？」
（C）漏れがないか確認する質問：「ほかにありませんか？」
```

　まずは相手の発言を正確に理解する質問として、「具体的には？」と尋ねるのが鉄則だ。相手の主張を自分の言葉で語れるくらい、しっかりと理解すること。自分の言葉で語れないなら、理解やイメージが不足していると考えよう。「具体的には？」と質問することで、自分の理解を深める必要がある。

　ビジネスパーソンは抽象度が高い言葉を使う人が多い。その方が格好いいと思っているのかもしれないが勘違いも甚だしい。例えば、「実質的な関与が必要だ」「顧客視点で考えろ」「伝わりやすさを意識しろ」などがそれに当たる。どれも抽象的すぎて、人によって受け止め方が異なる。そこで具体化する質問を投げかけるべきなのだ。

　判断基準としては「頭や体の動かし方」をイメージできるかどうかだ。実質的な関与と言われても、体をどう動かしたらよいのか、さっぱり分からない。顧客視点で考えろも同じだ。頭をどう動かしたら、顧客視点で考えたことになるのか、よく分からない。

　動きをイメージできないなら、自分の言葉で語ることはできない。結局、ここがあやふやだと、議論がかみ合わなくなる。実質的な関与という表現が何を意味しているのか、参加者の間で理解がバラバラだと、決まるものも決まらなくなる。

　だから、具体的にどうしたいと発言者が思っているのかを、体の動きが

イメージできるまで、「具体的には？」の質問を使って、解きほぐしていく。

　次に、発言の真意を理解するため、「なぜそう思うのですか？」と聞いてみる。相手の主張がどんな価値観から生まれているのかを理解するのだ。

　なぜ、そう主張しているのか。「××だから、△△は重要だとおっしゃっているんですよね」と言えないなら、「なぜそう思うのですか？」と、発言の後ろにある背景を尋ねる必要がある。

　ここでの判断基準は「Aさんの意見は××である。なぜなら…」といえるかどうかである。なぜならの先が言えないうちは、相手の背後にどんな価値観があるのかを理解できていないことになる。次の基本動作⑦で詳しく解説するが、相手の背後にある価値観を知ることは、複数の人たちが集まって1つの結論を出していくうえでは極めて重要になってくる。

　最後に漏れがないかを確認するため、「ほかにありませんか？」と投げかける。ここで発言してもらえたら、そのままいもづる式に、ほかの発言を引き出すチャンスになる。「ほかにありませんか？」の質問で、自分の意見を会議の場で言い切ってもらうように心がけたい。

　ここで事例を紹介しよう。「若手の育成について、現行策の改善点を洗い出す」という議題で会議をしていたときのことだ。ファシリテーターが3つの質問をうまく使って議論を活性化させた。そのときの様子はこんな感じだ。

 **実際の例**

**Aさん**「だから私は、部長が現場に対して実質的な関与をすべきだと思うんだ」

**ファシリテーター**「なるほど、いい意見ですね。確かにそうかもしれませ

ん」（ここでファシリテーターはいきなり相手の意見を否定したりせず、まずは受け止めて発言に共感する）

**ファシリテーター**「ところで実質的な関与とは、具体的にはどんなイメージなのでしょうか？」（発言を肯定して終わるのではなく、参加者全員が具体的なイメージを持てるように質問を返す）

**Aさん**「例えば、資料のチェックをするとか、メンバーへの指導を10分でもいいから実施するとかかな」（これでAさんの考えを理解できた。でもAさんは、なぜそう思ったのだろうか。まだ疑問が残る）

**ファシリテーター**「なるほど。イメージがわきました。ただ、なぜ実質的な関与が必要だと思ったのですか？」
**Aさん**「それは過去にこんなことがあって…」
**ファシリテーター**「そうでしたか。よく分かりました。そういう理由だったんですね。考えもしませんでした」（ここでも肯定を心がける。だいぶAさんの意図することが分かってきた。もう一押しして、さらに考えていることがないかを確認する）

**ファシリテーター**「部長が実質的な関与をすべきだということは分かりました。ほかに気になることはありませんか？」
**Aさん**「実はもう１つあってね…」

3つの質問で発言者に対する理解を深め、会議にリズムを作っていく。ここまで話してもらって、ようやく相手の真意を汲み取れる。上っ面だけ聞いて、相手を理解した気にはならないことだ。
　そこで「具体的には？」「なぜそう思うのですか？」「ほかにありません

か？」の3つの質問をする。たったこれだけで、より効果的な引き出しができる。

　発言している人も、ファシリテーターに質問されることで考えが促される。「具体的にか。例えば…」「なぜ自分はそう考えるようになったのかなあ」など、本人の思考も深まることが多い。

## 始め方のヒント

 **【あなたが会議の参加者なら】**

　会議の雰囲気を作ることは、参加者にもできる。会議の前に雑談をしかければよいのだ。「部長、最近日に焼けましたね、ゴルフですか？」とか、「この週末は何をしていたんですか？」など、話題は何でもいい。

　堅い雰囲気のまま、会議が始まるのを黙って待っていると、会議も堅くなってしまう。直前に雑談しておくだけで、会議の雰囲気は砕けるものだ。意識して雑談するようにしてみよう。

　参加者がほかのメンバーに対して名指しで発言を促すのも悪くない。参加者の立場であっても、周りの様子は観察できる。発言したそうな人を見つけたら、話を振ればいい。「××さん、何か言いたそうだけど、ここで言っておきたいことはないの？」と振ればいい。

　ファシリテーターが議論に夢中になっていて、参加者の状況を観察し切れていないことがある。そんなときこそ、隠れファシリテーターがフォローしてくれると本当に助かる。

 **【あなたが会議を仕切るなら】**

　会議を仕切る立場なら、雰囲気作りも3つの質問も実践しやすい。ふんぞり返って腕組みするのはやめて、発言には肯定的な反応をする。それだけでも会議の雰囲気は変わる。

　普段よりも少しだけテンション高めに振る舞うだけでもよい。「今日の

課長はテンション高いな」と部下に思わせるだけで、参加者の意識は変わってくる。やるべきことは難しくないし、労力もほとんどかからない。こうしたほんの少しの工夫を愚直にやるか、やらないかの違いで、結果が大きく変わってくる。

### 基本動作⑥のまとめ
### 発言して良かったと思ってもらう

　会議で発言しない人のために、ここまで気を使わなければいけないのかと思った人もいるかもしれない。気持ちは分かるが、ここまで気を使わないとダメなのだ。

　会議での発言は、慣れの問題である。習慣といってもいい。人の習慣を変えるには「発言して良かった」と思ってもらうことが第一歩になる。小さな成功体験を味わってもらうわけだ。

　とはいえ、最初のうちは的外れな発言が数多く出てくる。どうにも褒められない発言だってあるだろう。しかし、発言の中身を褒める必要はない。中身ではなく、「発言してくれたこと」に感謝すればよい。

　大事なのは、とにかく「次も発言しよう」「発言して良かった」と思ってもらうこと。こうして徐々に発言量が増えてくれば、次の基本動作⑦が生きてくる。

## 基本動作⑦会議中に、対話を促し合意形成する

 なぜこの基本動作が必要か

　発言を引き出せるようになったら、次は対話を促す。単に参加者の発言が増えるだけではダメで、意見と意見がぶつかり合うことで、相乗効果を生み出したい。例えば、A案かB案かの二者択一ではなく、議論のなかからよ

り良いC案をひねり出すということだ。そのために必要なのが対話である。

　ここで会議を仕切っているファシリテーターと参加者の関係を見てみよう（図13）。一番左は発言がない状態。これは「基本動作⑥会議中に、全員から主張を引き出す」で対応する。

　発言を引き出せるようになると、今度は図の中央「ファシリテーターvsその他全員」のコミュニケーションになる。ファシリテーターが質問し、参加者が答える。またはその逆だ。

　これはこれでよいのだが、問題も起きる。誰か1人が意思表明し、ファシリテーターとだけ議論をしてしまうと、ほかのメンバーを置き去りにしたまま、その案が採用されてしまうことがある。すると周りの参加者は「声の大きな人の意見が通った」と感じるようになる。

　特に発言者が上司の場合、ファシリテーターとその上司だけの対話になるケースが多い。「こうしたらどうかな？」「そうですね。そうしましょう」と、上司の発言をそのまま採用してしまう。当たり前だが、ファシリテーターや上司の発言が必ずしも正しいとは限らない。2人だけで結論を出すなら、それこそ2人だけで会議をすればいいことになる。

　私たちが目指すべき会議の姿は図の一番右。参加者同士が活発に意見を

**図13　ファシリテーターと参加者の関係**

場の段階論

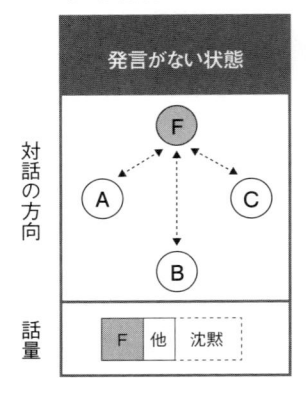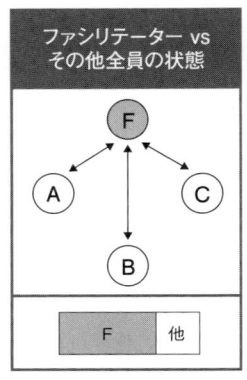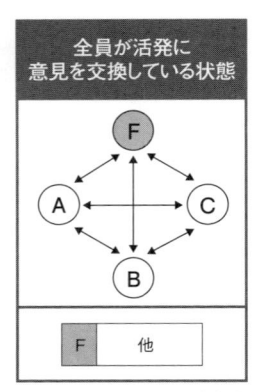

F：ファシリテーター　　　A、B、C：参加者

交換している状態である。1つの意見を触媒にして、全員で議論する構図だ。できればファシリテーターはほとんど介入せず、参加者同士で勝手に議論が進んでいくのが理想的である。では、どうすればこんな状態を作れるのだろうか。

 ## やるべきこと

やるべきことは極めてシンプル。質問や意見が出たら、話を横に振るだけでよい。「Aさんからこんな質問が出ました。Bさんはどう思いますか？」とか、「Aさんの意見は、確かにその通りですね。Bさんは反対ですか？」など。これだけ。ファシリテーターが発言を引き出して、別の参加者にぶつける。これができると、全員の議論が活性化された状態を作れる。

やることは簡単だが、このコントロールがうまくできない人は、案外多い。例えば、「会議の進め方を変えた方がいいと思うのですが」と参加者から指摘が出た場合。ファシリテーターは「会議を仕切っている自分が答えなければならない」と思ってしまう。まじめで結構だが、会議はファシリテーターだけで作るものではない。参加者全員で作るものだ。

だから、必ずしもファシリテーターが答える必要はない。むしろ答えるのを我慢して、別の参加者に振った方がいい。

「Aさんから『会議の進め方を変えた方がいいのでは』という意見が出ました。Bさんはどう思いますか？」といった具合に、ほかの参加者に話を振る。これができるようになると、参加者同士の対話がおのずと活性化する。自分たちが会議の当事者であるという意識もわいてくる。対話ができているので、結論にも納得感が生まれる。

 ## 押さえるべきポイント

やること自体は難しくないが、相手への振り方のコツを覚えておくと、より効果的に使える。ポイントは2つある。

個人に立脚した発言、つまり、質問、意思表明、提案の3つの発言が出たら、横に振ることを考える。質問、意思表明、提案とは、こんなものを指す。

質問：「（私は）この話がよく分からない」「（私は）これが知りたい」

意思表明：「（私は）大した問題ではないと思っている」「（私は）この調査結果から、2つの示唆が得られると思っている」

提案：「（私は）こうした方がいいと思う」「（私は）進め方を変えてもらいたい」

どれも「私が」どう考えたかという発言だ。この類の発言が出たら横に振ることで、ほかの参加者の考えを引き出せる。他人との違いが見えて、論点が明らかになりやすい。一方で、事実の共有や、状況や調査結果の報告などは積極的に他者に振らなくてもよい。

・顧客の××社からクレームがあった
・進捗が3日遅れている
・進捗の遅れを取り戻すために打った施策のおかげで、遅れを解消できた
・調査した結果、担当者のコミュニケーションスキルが不足していると分かった

これらの発言をわざわざ、「クレームがあったそうですが、Bさんはどう思いますか？」などと振られても、Bさんは発言に困ってしまう。個人に立脚した話ではないので、何を答えればよいのかよく分からなくなってしまう。だから振る必要がない。

**ポイント2** 「合意形成の氷山モデル」を意識する

**合意形成の氷山モデル**を頭に入れておくと、意見の引き出しも対話の促

図14　基本動作⑥の「3つの質問」で氷山の全体像を明らかにする

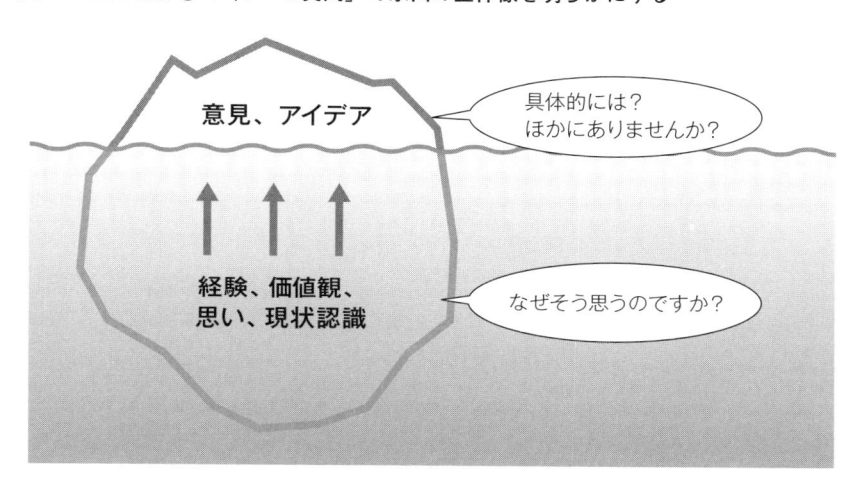

しもスムーズになる。図14を見てもらいたい。

　氷山の上に見えているのは「意見やアイデア」である。「会議の進め方を変えた方がよい」「ペーパーレスを実現したい」などだ。ただし、霧がかかっていて見えづらいことも多い。そこで基本動作⑥で紹介した「具体的には？」の質問を使う。こうしてファシリテーターは霧を晴らしていく。

　氷山の下は発言者の「経験や価値観」である。氷山の上に見えている意見やアイデアは、その人の過去の経験や価値観が土台となって出てきている。ペーパーレスを実現したいと思う背景には、何らかの過去の経験があるはずだ。ここを同じく、基本動作⑥の「なぜそう思うのですか？」の質問でひも解いていく。

　明らかになった各自の氷山を、先ほどのポイント1で解説した「話を横に振る」ことで他者にぶつける。ここで意識したいことは2つ。「意見を引き出す場合は、まず氷山全体が明らかになるように質問をする」「対話を促す場合は、氷山の『下』同士をぶつけ合うように議論を促す」ことだ。

　Aさんの氷山全体が見えていると、Bさんとの違いにフォーカスを当て

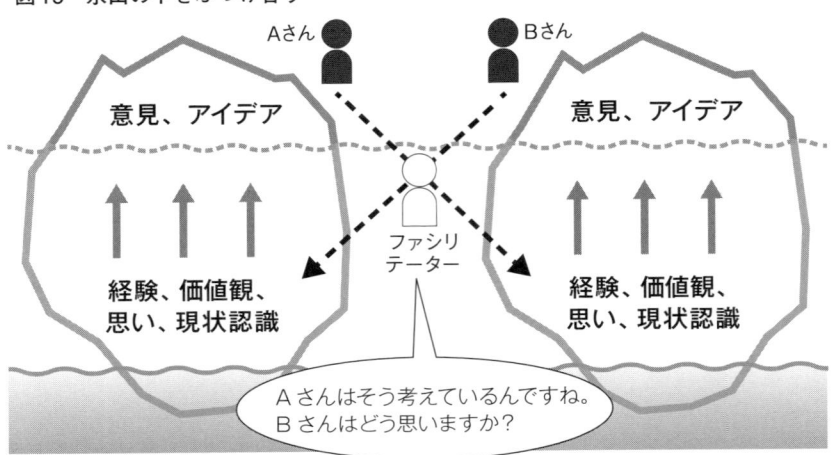

図15 氷山の下をぶつけ合う

（図内ラベル）
Aさん　Bさん
意見、アイデア　　意見、アイデア
経験、価値観、思い、現状認識　　経験、価値観、思い、現状認識
ファシリテーター
Aさんはそう考えているんですね。
Bさんはどう思いますか？

て議論しやすくなる。多くのケースでは、氷山の上も下もぼやけたまま、議論を進めようとしている。そのため議論がかみ合わなくなる。氷山の全容を明らかにし、それからお互いの思いをぶつけ合う。特に氷山の下（経験や価値観）を優先してぶつけ合い、すり合わせるのが肝だ（図15）。

　氷山の上だけで議論していても、根っこの価値観が合わなければ、どこまでいっても主張の押し付け合いになるだけ。相手の氷山の下（経験や価値観）が理解できて初めて、本当の意味での対話が成立する。そして氷山の下が合ってくれば、自然に氷山の上は一致してくるから面白い。

　合意形成の方法論やコツはほかにもたくさんあるが、8つの基本動作には含めていない。後述の応用編で解説する。基本動作では氷山モデルのメカニズムを理解しておくだけで十分だ。

## 始め方のヒント

【あなたが会議の参加者なら】

参加者とファシリテーターの1対1のやり取り（参加者の質問にファシ

リテーターだけが答えている、またはその逆）を見かけたら、それとなく横に振る発言をしてみるとよい。例えば、Aさんとファシリテーターが2人で対話を続けているシーン。

> **ファシリテーター**「…という結論かなと思っています」
> **Aさん**「この問題を先送りにしているように思えるが、××を優先しなくてもいいの？」
> **ファシリテーター**「それは違うんじゃないかな」
> **Aさん**「いや、××のケースは…」
> **ファシリテーター**「なるほど。でもそうしたケースは、こうも考えられるんじゃないですか？」
> **Aさん**「確かにそれもあるけどさ…」

こんな状況こそ、参加者の1人が隠れファシリテーターになるチャンスだ。こんなふうに2人だけの対話に発言を差し込めばよい。

・「横からすみません。Bさんの見解も聞いてみたいのですが」
・「難しい問題ですね。ちなみにBさんもAさんと同じ意見ですか？」
・「私はどちらが正解なのか分からないのですが、Bさんの立場からすると、どう見えますか？」

こんなふうにAさんとファシリテーターだけのやり取りにBさんの意見を取り込むことで、議論がまとまるキッカケが生まれるかもしれない。

 **【あなたが会議を仕切るなら】**

会議を仕切る立場なら、話を横に振ることはすぐにでもできる。アク

ションとしては難しくない。とはいえ、今までやってこなかったことだけに「横に振らずに自分で答えた方が早い」と思ってしまうケースも多い。そんなときは、基本的に「自分では答えない」「自分が判断しようとしない」ように意識を変えてみるとよいだろう。

　決めるのは自分ではなく、会議に参加している全員であると思っていれば、自然に話を横に振れるようになる。ファシリテーターが自分でバンバン発言しようとすると、ほかの人の意見を聞こうという意識がどんどん薄らいでいく。

　もちろん、自分で結論を出し、どんどん会議をリードしていく必要があるシーンもあるだろう。だから、常にこうでなければならないなどと言うつもりはない。合意形成を大事にしたり、参加者同士が活発に議論する場を重視したりするなら、横に振るのが1つの手段として有効であるという話だ。状況に応じて、使い分けてほしい。

 **基本動作⑦のまとめ**
**全体像が見えないと答えにたどり着けない**

　ファシリテーションの本質は、参加者同士が自然に合意形成できるような環境を作ることである。自然に合意形成するには、お互いの意見の全体像が見えていることが欠かせない。全体像が見えていれば、お互いの違いを見つけ、すり合わせて、1つの答えにたどり着きやすくなる。

　これが会議における全ての基本になる。高度な合意形成論を学ぶのも悪くはないが、基本ができるようになって初めて、効果が出ると考えてほしい。

## 基本動作⑧会議後に、振り返りをする

最後の基本動作は会議そのものではなく、「会議の振り返り」である。

 **なぜこの基本動作が必要か**

振り返りとは、会議の終わりにその会議の良しあしを振り返ることだ。そもそも最後に会議を振り返って、良かった点と改善点を自覚する習慣がどの会社にもなさ過ぎる。

振り返りをしないということは、自分たちの仕事（ここでは会議の流れや発言）が良かったのか、悪かったのかが分からないまま、惰性で次の会議に臨むことになる。そんな状態を続けて、会議の質が上がるわけがない。

私は会議の振り返りをきちんとしている組織をほとんど見たことがない。日本を代表する企業から、イケイケのベンチャー企業まで、どこも会議の振り返りはしていない。「会議はやりっ放し」が日本の常識になっているとさえ思えるほどだ。

逆の見方をすれば、会議のたびに良かったところを自覚し、改善点を見つめ直して次につなげていけたら、加速度的に会議は良くなる。自分が不得意なところが分かれば、意図的にフォローしてもらうこともできる。うまくできていることを自覚できれば、そのやり方が会議の定番となり、組織に浸透しやすくなる。こうして会議の質が上がっていく。

だからこそ、振り返りを最後の基本動作に掲げた。一見、会議とは直接関係ないようにも思える。だがそもそも会議とは「連続した企業活動の流れである」と、一段高い目線でとらえられれば、振り返りこそが最も重要な基本動作に位置づけられるべきである。振り返りの目的は次の3つだ。

┌─**［振り返りの目的］**─────────────

・参加者の率直な感想を確認し、場としての良しあしを知る（会議の品質の自覚）
・良かった点を言語化し、再現性を高める（方法論の定着と浸透）

> ・悪かった点も自覚し、改善方法を模索する（不足している部分の改善と
> 　向上）

 **やるべきこと**

　振り返りでやることは、どれも難しくない。会議が終わった直後に、感じたことや良かったこと、改善点を言い合うだけだ。具体的には、会議の終わりにファシリテーターが次のように切り出す。

　「最後に振り返りをしましょう。1人20秒で感想や良かった点（継続した方が良いこと）、悪かった点（改善すべきこと）を話してください」。こう言うと、大抵の参加者は話してくれる。みんな会議を良くしたいと思っているのだから。

　「今日は準備がバッチリだったから、議論がスムーズにできたね」「あのとき議論が発散したけれど、一度議論を止めるべきだったかもね」「××さんが初めに議論の前提をきちんと話してくれたのが良かった」「あの情報は事前に用意しておくべきだったね」「思ったよりも議論に時間がかかったのはなぜだろう？」。こんな話が出てくればバッチリだ。次の会議に教訓を生かせば、会議は必ず良くなっていく。

　振り返った内容も「基本動作④会議中に、議論を可視化する」で解説した通り、忘れずにスクライブしていく。

---

**振り返り**

`感想`

・決まって良かった。スッキリした

・20分早く終われたかもしれない

・中盤で議論が堂々巡りになっている気がした

---

> **良かった点**
>
> ・終了条件が最初から明確だった
>
> ・何も発言していない人に話を振った
>
> **改善点**
>
> ・時間を延ばしてもよいか、確認した方が良かった
>
> ・論点をちゃんとスクライブして示すべきだった

　これだけで、今後も継続すべきことが明確になり、改善すべき点も分かる。本人の自信にもつながるし、成長の糧になる。

##  押さえるべきポイント

　振り返りの前に一呼吸おいて、気負わず、カジュアルにやるといい。振り返りでコメントを求められると「格好いいことを言いたい」「鋭い突っ込みをしなければならない」と考えてしまいがちだ。

　でも全然そんな必要はない。普段の会話のように、感じたことをそのまま軽く話せばよいのだ。振り返りは相手を責める場ではない。

　「何かスッキリしないんだよなあ」「今日の会議は半分くらいの時間で短く済ませられた気がする」など、思ったまま言えばいい。

　ここぞとばかりに、部下や後輩にアドバイスしてやろうとすると、途端に発言のハードルが上がるし、特に上司には言いづらくなる。しかし、自分が感じたことを話すだけなら、そこに正解／不正解は存在しない。なぜなら、本人が会議中にそのように感じたのは事実であり、誰にも否定できないことだからだ。

　まず振り返りでは**感じたことを率直に話す**ところから始めよう。会議の終わりに数分でも振り返りの時間を取るだけで、きっと毎回気づきがある。そして会議を重ねるたびに、質が上がっていくのを実感できるはずだ。

## 始め方のヒント

 **【あなたが会議を仕切るなら（その1）】**

会議を仕切る立場だとしても、これまで全くやってこなかった振り返りを始めるには、少し抵抗があるだろう。「え？会議の振り返り？何それ？」と、参加者は思うはずだ。それほど、会議を振り返る習慣がないということでもある。

あなたが主催する会議なら「客観的なフィードバックをもらいたい」と切り出すと、比較的始めやすいかもしれない。自分が仕切る会議が終わったタイミングで、最後にこう言ってみる。

> **リーダー**「よし、これで会議終了だけど、あと3分だけ時間をもらえないか。ちょっと相談したいことがあるので」
> **メンバー**「いいですよ、何ですか？」
> **リーダー**「ウチの会社の会議って、正直グダグダだろ？もっと効率化できるんじゃないかと思ってね」
> **メンバー**「そうかもしれません」
> **リーダー**「だろ？でも何が悪くて、どう変えたらいいのか、会議を仕切っているオレにもよく分からないんだ。それで、例えば今日の会議についてどう感じたか、ざっくばらんに話してほしくてさ。感想や良かった点、悪かった点など何でもいいから教えてくれないか？」
> **メンバー**「えーと。そうですね…」
> **リーダー**「良かった点もうれしいが、会議を改善したいから、むしろ悪かった点を多めに頼むよ」
> **メンバー**「じゃあ、言いますけど」

こんな感じで振り返りを始めてみよう。いきなり「今日の会議を振り返

るぞ」と切り出しても、みんなポカンとするだけ。「振り返りとはダメ出しのことか？」と誤解されないためにも、会議に対する問題意識や良い点、悪い点を自覚したいから振り返るという主旨をきちんと伝えてから始める。最初に参加者の警戒心を解き、率直に話してもらうようにする。間違っても、上司が怒鳴ったりしてはいけない。

もう1つ大事なのは「むしろ悪かった点を多めに頼むよ」という一言だ。意見を求められると上司の手前、良かった点しか言わないのが普通だ。ほとんどの人は、公の場で悪かった点を話した経験がない。

しかし改善点が浮き彫りにならないと、振り返りの効果は半減してしまう。私の経験では「あえて悪い点を1つだけ挙げるとすると、何かな？」という言い回しが効果的だ。「あえて」という言葉1つで、ネガティブなフィードバックに対する心理的なハードルを下げられる。

 **【あなたが会議を仕切るなら（その2）】**

自分ではなく、メンバーが主催する会議で振り返りをしてもらう手もある。会議以外の場の会話で、こんなふうに話を持ちかけてみる。

> **リーダー**「ウチの会議はだいぶ効率が悪いと思わないか？」
>
> **部下**「確かにそう思いますけど」
>
> **リーダー**「ずっと会議の非効率さが気になっていてさ。最近、会議術の本を読んだんだけど、細かいスキルや方法論を試す前に『ちゃんと会議の振り返りをしよう。そうしないと会議が改善されるわけがない』と書いてあってな。確かにそうだなと思ったわけよ」
>
> **部下**「会議の振り返りですか？会議の時間がさらに延びちゃいませんか？」
>
> **リーダー**「そうかもな。でも試しにやってみるのも面白いと思うんだ。会議の振り返りなんて、一度もやったことがないだろ。ダメモトで数回、続

けてみてくれないか?」

**部下**「いいですよ。でも、どうやるんですか?」

**リーダー**「会議の最後に、今日の感想や良かった点、改善点を聞くだけだよ。オレもみんなが会議についてどう感じているのか本音を知っておきたいし、改善できることはしたい。しばらくやってみてくれよ」

**部下**「分かりました。結果は報告すればいいですか?」

**リーダー**「ああ。口頭でいいから、振り返った結果を教えてくれ。オレが会議に参加するときは、オレから切り出すから協力してくれ。よろしく頼むよ」

　部下に事前に話を持ちかけておき、「試しにやってみたい」「オレも会議の状況を把握しておきたい」といった言い回しで、実行する心理的なハードルをあらかじめ下げておく。部下の会議にいきなり乗り込んでいって、「さあ、振り返りをするぞ」と言っても、「何それ?」と白い目で見られて空回りに終わる可能性が高い。部下の主体性を削いでしまうかもしれない。

 ## 【あなたが会議の参加者なら】

　あなたが参加者なら、いきなり会議の場で振り返りを始めるのは難しいかもしれない。ましてや、ほかの人が主催する会議で「振り返りをしましょう」と切り出すのは「あなたの会議は振り返りが必要なほどグダグダな会議です」とけんかを売っているに等しい。そう思われても仕方がない。だから会議を仕切るリーダーを事前に巻き込み、主旨（目的）を説明しておいてから、振り返りを始めるべきだ。

**基本動作⑧のまとめ**
**自社なりの振り返り方を考える**

　振り返りを定着させるヒントとして、日揮が取り入れた実例を紹介したい。日揮では会議ファシリテーションを重視して、そのスキルの定着と標準化に力を入れている。会議の振り返りも定着しやすいように、一工夫している。

　全ての会議室に「会議振り返るシート」が置かれているのだ。今日の「振り返るシート担当」を会議の冒頭に指名して決める。

　当番の人は会議の終了後に振り返りを始め、良かった点と悪かった点を話さなければならない。年次や役職は関係ない。そういう取り決めなのだ。

　振り返るシートには、ちゃんと振り返り方が書いてある。シートがあるので、振り返りを忘れることもない。会議が始まる前から「今日は私が振り返りのコメントをしなければならない番だな」と分かっているので、それだけで人の意識を変えてくれる。

### 会議振り返るシート

| 会議の前に |
| --- |
| ・ファシリテーターは、本日の「評価者」を指名する |

| 会議の中に |
| --- |
| ・評価者は、会議について下記項目を評価する |

| 会議終了時に |
| --- |
| ・ファシリテーターは、評価者に評価結果発表を促す |
| ・評価者は、評価結果を参加者全員と共有する |

では、やってみよう！

☆ **目的とゴールは明確だったか**
どんな状態になったら終了なのか、全員が理解してスタートしていなければアウト

☆ **全員が議論に参加したか**
会議中、一言も話してない人がいたらアウト

☆ **決まったこと、やるべきことが確認されたか**
終了時に、明示的な確認がなかったらアウト

今日の会議は★（　）つ！
★3つを目指して、次の会議もがんばりましょう！

**写真5　日揮の「会議振り返るシート」**
（出所：日揮）

111

第5章の
まとめ

## 「矢面に立つ」ファシリテーションで
## けがをしない

　会議で矢面に立つには度胸がいる。失敗したらどうしよう、変な目で
見られたらどうしようという不安は、誰しも多かれ少なかれあるものだ。

　初めてやることなら、なおさらのこと。だからいきなり突飛なことは
やらない方がいい。突然、SWOT分析（強みや弱みの分析）を始めたり、
ロジックツリーを書き始めたりすると、大けがをする。

　もっとシンプルに、常に氷山モデルをイメージしながら参加者を観察
し、発言や主張を引き出す。引き出したら横に振る。これだけでよい。

　ファシリテーターがあまり介入しなくても、参加者同士が理解し合い、
自然に合意形成できる状況を作る。これが最も重要なのである。

# 第 **6** 章

## ファシリテーターの
## 7つの心構え

8つの基本動作を全て解説し終えたところで、続いてファシリテーターの7つの心構えに触れていきたい。基本動作を最大限に使いこなすには、ファシリテーターとしてのマインドが支えになる。

## 心構え1：「隠れファシリテーター」が会議を救う

　8つの基本動作を解説してきたが、自分が会議の参加者の1人だとしても、実行できることは相当あると理解してもらえたはずだ。例えば、ファシリテーターがうまく会議を仕切れていないなら、参加者が「今日はどうなったら会議終了といえるのかな？どこまで決めるの？」と言って、助け舟を出せばいい。会議の終了時に「決まったこととやるべきことを確認しておこうよ」とフォローすればよい。参加者の表情を観察し、「××さんが何か言いたげですよ」と知らせてあげればいいのだ。

　たったそれだけで、会議の品質は高まる。そもそも会議を仕切る部長も課長も完璧ではない。

　本当に多くの人が誤解しているのだが、会議を仕切る人だけがファシリテーションするのではない。みんなの前に立ってファシリテーションしている人だけに全てを押し付けて、参加者は素知らぬ顔をしているなんて、おかしな話だ。

　既に何度も書いてきたが、会議は誰か1人が作るものではない。参加者全員で作るものだ。参加者には会議を良くする責任と権利がある。

　生涯で3万時間、丸8年もの会議時間を他人任せにしていいはずがない。会議に出席したからには、どんな立場であろうと、良くしようとする努力を怠ってはいけない。隠れファシリテーターの心構えを決して忘れないでもらいたい。

## 心構え2：隠れファシリテーターを増やすのが成功の近道

　会議に参加している人の大半が隠れファシリテーターになってくれる

と、議論が素晴らしくスムーズに進む。参加者がどんどん自発的に行動してくれるだけでなく、会議の主催者をフォローしてくれるからだ。

　反対に、会議の参加者のなかでファシリテーションの知識を持っているのは自分だけという状況は、正直つらい。参加者に隠れファシリテーターのマインドがないと、主催者におんぶに抱っこで、自発的には何もしようとしない。指示待ち人間になってしまう。これはプロのファシリテーターでもタフな状況だ。隠れファシリテーターが1人でもいてくれれば、状況は全く違ってくる。

　こう考えると、会議の参加者全員がファシリテーションスキルを身に付け、隠れファシリテーターになってくれるのが理想だと分かる。会議を仕切るリーダーだけがスキルを身に付けていればよいというものではない。

　同じ価値観を持った隠れファシリテーターを増やすには「全員で同じ記事や本を読む」「同じ研修を受ける」のが最も手っ取り早い。少なくとも管理職クラスは本書を含め、関連する本を回し読みしてほしい。一度でも勉強会を開ければ、なおよい。若手にはもう少し取っつきやすい、前著の『世界で一番やさしい会議の教科書』の方が軽く読めていいかもしれない。

## 心構え3：簡単なことを「やり切る」ことから始める

　8つの基本動作はある意味、当たり前のことばかりである。もしあなたが「8つの基本動作には目新しい話がなかったな」と感じたなら、既に知識はあることになる。そこで「果たして、基本動作を徹底できているか」を考えてみてほしい。

　例えば、決まったこととやるべきことを確認することは、ちょっと油断するだけで、あっという間におろそかになる。あなたの会議ではどうだろうか。本当に徹底できているだろうか。「知っている」と「できている」の間には、大きな隔たりがある。

　知っているだけで、できた気になってはいけない。しっかりやれば、確実に効果が出るのだから、組織として自然にできるようになることを目指

す。参加者が全員、隠れファシリテーターになり、全員でお互いをフォローし合いながら、会議をやり切るのが理想的だ。そうなってから、次の手を考えればよい。

　基本ができていないうちに、新しいソリューションに飛びつくのは、悪癖としか言いようがない。たかが基本、されど基本だ。


## 心構え４：「参加者と一緒に困る」でちょうどいい

　隠れファシリテーターのマインドの裏返しだが、一般に会議を仕切るリーダーは全てを背負い込もうとし過ぎている。自分が全部考えて、メンバーをリードしようとする。優秀な人ほどそうした傾向にあるし、リーダーの１つの在り方でもあるので完全否定するつもりはない。

　だがファシリテーションの考え方はそうではない。メンバーの力を最大限に引き出すのがファシリテーターの役割なのだから、ファシリテーターが全てを決める必要はない。

　ファシリテーターが完璧である必要などないのだ。自分が完璧な答えを用意したいという願望はこの際、捨ててしまおう。答えはみんなで探せばよい。そうでないと、何のためにメンバーを集めて会議をしているのか分からなくなってしまう。どんどんメンバーに頼ればいい。参加者から答えを引き出す。もっといえば、一緒に困ればいいのだ。うまいファシリテーターはよく、こんなフレーズを使う。

---

**［一緒に困るためのキラーフレーズ］**

・「困りましたね。この先、どうやって進めましょうか？」

・「全然、結論にたどり着く気がしないんですが、どうしますか？」

・「混沌としてきましたね。私、正直お手上げなので、誰か助けてもらえませんか？」

・「すみません、議論の行方を見失いました。今、何について議論しているんでしたっけ？」

---

> ・「ファシリテーターが言うのもなんですが、このまま議論していて
>  も、結論が出る気はしないんですが」

　困っていることを素直に表明し、参加者を巻き込んで一緒に困ってみる。そして、一緒に解決策を探そうと提案する。それで議論がスムーズに進むなら、ファシリテーターは立派に役割を果たしている。

　一般的なリーダーの在り方とは異なるかもしれないが、そもそも完璧な人間など、どこにもいない。会議をスムーズに進めるためなら、どんなことでもする。自分で解決策を出せないなら、参加者全員が解決策を考えるキッカケを提供すればいい。それがファシリテーションの考え方だ。

## 心構え5：「自らの主張」を触媒にする

　一般に、ファシリテーターは中立な立場であり、自らの主張をしてはいけないと思われている。ワークショップやテレビの討論会のファシリテーションならそれでいい。しかし、ビジネスミーティングをファシリテートするなら、自分の主張を持っていなければならない。

　自らの主張や意見がないと、会議に参加している人たちの発言の良しあしを判断できない。それに主張がない参加者が何人集まっても、結論は出せない。ファシリテーターには自らの主張や考えを心に秘めつつ、かといって押し付けるわけでもなく、参加者を巻き込んで議論を促進していくことが求められる。

　ファシリテーターが持つべき「自らの主張」とは、結論だけではない。会議のゴールや進め方、議論の観点など多岐にわたる。ファシリテーターは会議に関するあらゆる要素に対し、自らの主張を持つべきである。

　ファシリテーターに主張があるかどうかは簡単に見抜ける。なぜなら自分の主張がないと、参加者に「どうですか？」とうかがいを立てることしかできないからだ。これでは、ただ話を聞いているだけの司会者になって

しまう。当社でこれをやると、「どうですかファシリテーション」と揶揄される。

　ファシリテーションは自らの主張を持ちながらも、まずは参加者に発言を促す。だからといって、その発言をうのみにするわけでもない。

　頭の中で自らの主張との違いを比べながら、「それは本当ですか。××の視点で考えると逆の結論になりそうに思えますが、いかがですか？」「その進め方をすると、××に対して不満が出る気がします。その点はどう考えていますか？」「この結論で本当に大丈夫ですか。××の観点が抜けてはいませんか？」といった確認や深掘りをする。このやり取りが議論の質を上げるのだ。お互いの主張や意見をぶつけ合わせて、より良い結論を導くのが会議の場なのだから。

　これはファシリテーターが自分の主張を持っていないとできないこと。自らの主張と食い違う部分や納得できない部分を相手に確認していくことで議論が活発になる。

## 心構え6：自分の主張に「落とし込もう」としたらアウト

　誤解がないように繰り返して言うが、ファシリテーターは自分の主張を持っていなければならない。しかし、自らの主張にこだわってもいけない。ファシリテーターが特定の意見を押し通そうとすると、ほかの参加者の納得度は急激に落ちる。

　ファシリテーションについてレクチャーをすると、熱血タイプのビジネスパーソンからは、次のような質問を受けることがある。

・「自分が持っていきたい結論に会議を誘導するには、どんな方法が有効か？」
・「A案しかあり得ないと思っているが、納得性を高めるためには、捨て案のB案とC案も出しておくべきか？」

　自己主張があるのは大いに結構だが、ファシリテーションの観点からすれば、こうした発想は極めて危険だ。「誘導する」「～しかあり得ない」という決めつけた考え方は「参加者の意見を最大限に引き出す」という原則に反する。

　ファシリテーターが持つべき姿勢は「自分の主張はA案だが、立場の異なる人との議論を通じて、A案をもっとブラッシュアップさせたい。だからみんなの意見を聞かせてほしい。場合によっては想定外のC案が出てくるかもしれないが、そうなれば最高だ。A案とC案のいいとこ取りをすればいい」ということになる。

　私のようなプロのファシリテーターも自己主張を持ったうえで顧客との会議に臨むが、議論を通じて、自らの想定とは全く異なる結論に行き着くことが多々ある。

　それは議論に「負けた」わけではない。議論の「醍醐味」なのだ。自らの主張は、効果的にファシリテートするための材料に過ぎない。はっきりと自己主張を持つことで議論の質を高めるのに使うが、意思決定は参加者全員に委ねる。中立であることと自らの意見を持つことは両立できるのである。

## 心構え7：体系的な理解を人材育成に生かす

　ファシリテーションスキルを体系的に理解していれば、効率的に人を育てることができる。会議の様子を8つの基本動作に当てはめて観察すれば、何ができていて、何ができていないのかを見極めやすくなるのだ。

　できないことに対する指摘も、「会議の目的がぼやけているように見えるんだよな」というボヤっとした指摘ではなく、具体的に「目的が『する』ことで語られているから分かりづらいんだよ。『状態』で考えてみな」と言えるようになる。

　さらに、8つの基本動作と**会議の4つのフェーズ**をひもづけられると、より体系立った理解ができるようになるので紹介しておきたい。会議には「準備」「導入」「進行」「まとめ」の4つのフェーズが存在する。それぞれ

の役割は次の通りである。

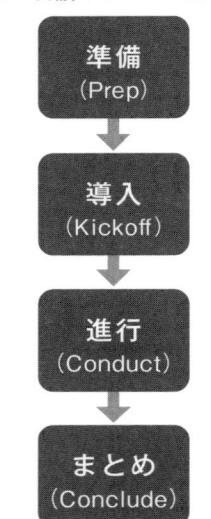
図16　会議の4つのフェーズ

**準備**　事前に会議の準備をするフェーズ。会議の準備というと、会議室の手配や資料の準備、参加者への連絡などが思い浮かぶ。しかし、これらは準備のほんの一部に過ぎない。例えば、会議の進め方を考えるといった、本質的な準備はどの会社でもほとんど実施されていないのが実情である。準備の質が会議の質を決めるといっても過言ではない。それくらい、準備は大切だ。

**導入**　参加者を議論のスタート地点に立たせるフェーズ。集まった参加者を前に、いきなり議論に入ろうとする会議をよく見かける。だがこれだと、参加者はすぐに迷子になる。導入では「これから何をするのか」「何のために議論をするのか」「どのくらい時間をかけるのか」を最初に全員に伝えて共有し、参加者が自律的に動ける状態を作る。

**進行**　議論をスムーズに進め、会議のゴールを達成するフェーズ。議論が全く盛り上がらないこともある。誰も発言しない、意見が出ない会議が典型だが、活発な議論ができるようにするには工夫が要る。反対に、参加者が好き勝手に発言していると議論が混沌としてくる。こうなったら交通整理が必要だ。状況に応じて、スムーズに議論できる環境を整える必要がある。

**まとめ**　今日の会議を振り返るフェーズ。ここでの狙いは、これまでの議論をムダにしないことだ。最後に議論を振り返り、決まったこととやるべ

図17　会議の4つのフェーズと8つの基本動作のひもづけ

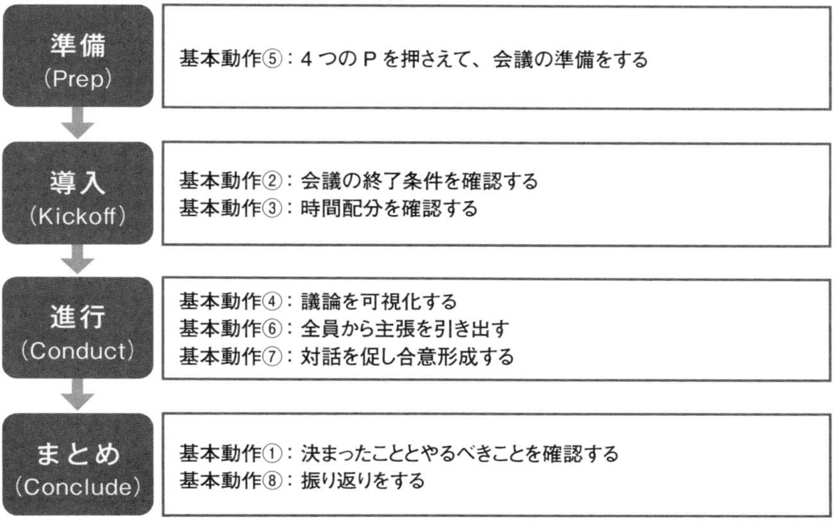

| 準備<br>（Prep） | 基本動作⑤：4つのPを押さえて、会議の準備をする |
| --- | --- |
| 導入<br>（Kickoff） | 基本動作②：会議の終了条件を確認する<br>基本動作③：時間配分を確認する |
| 進行<br>（Conduct） | 基本動作④：議論を可視化する<br>基本動作⑥：全員から主張を引き出す<br>基本動作⑦：対話を促し合意形成する |
| まとめ<br>（Conclude） | 基本動作①：決まったこととやるべきことを確認する<br>基本動作⑧：振り返りをする |

きこと、次回に議論することを確認することになる。

　そして、各フェーズごとに8つの基本動作をひもづけると図17のように
なる。

　会議は準備からまとめまで、全体の流れがつながっていて連続性をもっ
て進むものだ。準備不足は進行に悪影響を与えるし、導入のまずさが議論
の活発さを失わせる。どのタイミングで何をやっておくべきかが理解でき
ていると、本当の問題点に気づきやすくなる。

**成功するかは
ファシリテーターの心構え次第**

　8つの基本動作はあくまでも基本であり、うまく生かせるかはファシリテーターの心構えにかかっている。ファシリテーターをやるような人はリーダーとしても優秀で、「全て自分でやってやろう」と思いがちだ。しかし、そんな必要はない。

　周りを巻き込みながら、会議を一緒に良くしたいと思ってくれる「味方を増やしていく」ことにこそ、熱心になってほしい。また、リーダーとしてメンバーを引っ張る立場になくても、隠れファシリテーターとして振る舞うことで会議を変えられる。参加者は会議の一員である以上、隠れファシリテーターとして会議を変える義務があると考えてもらいたい。

 **会議の適正時間はどのくらい？**

　「適正な会議時間はどのくらいですか？」「ウチの会社では最近、会議は30分以内で終われと言われているのですが」なんて質問をよくもらう。会議を減らすための「荒療治」として、ひとまず30分以内に会議を済ませてみるというのはよいと思う。しかし、「適正な会議時間は30分」と決めつけるのは暴論だ。

　端的に言ってしまえば、会議に必要な時間は終了条件と参加者の状態によって異なってくる。スパッと結論が出る会議もあれば、時間をかけてじっくり価値観をすり合わせないと結論が出ない会議もある。

　そもそも、単に会議を削減したいのではなく、時間対効果に見合った質の高い会議をしたいはずだ。会議を減らしたいだけなら、会議を全廃して、意思決定権を誰かに委譲すればよい。ただ、これだと相乗効果は生まれず、意思決定の質や納得感は落ちる。

　会議の時間を短くしたことで、質の低い会議になってしまったら元も子もない。だから当社でも、15分で終わらせる会議もあれば、5時間かける会議もある。「適正な会議時間」という安易なキーワードに逃げてはいけない。適正な時間は、その時々で異なる。

　とはいえ、人間の集中力には限界があるのも事実だ。学説的にも経験的にも、連続した議論は1時間半程度が限界だろう。2時間枠で会議時間を押さえておき、導入とまとめが会議の最初と最後に入り、少し余裕をもって終わると、中身の議論にかけられるのは1時間半くらいというイメージだ。1時間半ごとに休憩を挟むなり、リフレッシュするなどの工夫も忘れないでほしい。

# 第 7 章

## 会議のよくある
## 18 の困り事と対策

この章では日々の会議での困り事に対し、どのように基本動作を応用していくかを解説する。1つの困り事に対して複数の対策を示しているが、ここからは応用編なので全般的に難易度が高い。

もっとも、ここで示すものは1つの対策例に過ぎない。必ずしも解説の通りにやる必要はなく、自分が置かれた状況に合わせて、うまくアレンジしていってほしい。取り上げる困り事は全部で18ある。気になるところから読んでもらえればいい。

---

**[よくある18の困り事]**

1.誰も発言しない

2.議論が盛り上がらない

3.一部の人しか会議に参加しない

4.独演会が止まらない

5.発散や脱線が多すぎる

6.議論がかみ合わない

7.会話がまどろっこしく、スムーズに進まない

8.議論が間延びする

9.論点が多すぎて、議論が難しい

10.意思決定に時間がかかる（トップ合意編）

11.意思決定に時間がかかる（現場合意編）

12.決まったことが後から蒸し返される

13.時間通りに始まらない

14.大人数の定例会が難しい

15.プロジェクトの進捗報告会が難しい

16.電話会議が難しい

17.テレビ会議が難しい

18.オンライン会議が難しい

---

# 1. 誰も発言しない

 【例えばこんな状況で】

　何だかシーンとした会議室。参加者が誰も発言しない。リーダーはしびれを切らせ、「誰か意見はないのか？」とハッパをかける。それでようやく、ポロポロと意見が出てくる。会議の参加者にはもっと発言してほしいのに、積極性を引き出すにはどうすればよいか？

## 【対策1：Icebreakerで会議の雰囲気を作る】

　基本動作⑥で、会議の前に場の雰囲気を作ることが発言量を増やす第一歩になると説明したが、さらに一工夫する。会議の冒頭に「Icebreaker（アイスブレーカー）」をするのだ。

　Icebreakerとは、参加者がリラックスして会議に臨めるように、会議を始める前に行う簡単なアクティビティーのことだ。心理テストをやることもあれば、「買ってよかった家電製品は何か」「最近読んだお薦めの本を教えて」といった、仕事とは直接関係ないテーマを用意して、一言ずつ話してもらうこともある。

　要するに、少し私的なことにまで踏み込んだ雑談タイムを設けられればOKだ。「××さんにはこんな一面があるんだ」「このくらいリラックスした雰囲気で話してもいいんだな」と感じてもらえたら大成功。

　ちなみに当社は必ず会議の前にIcebreakerをやる。時間にしてわずか2～3分だが、Icebreakerを積み重ねると、組織の雰囲気は明らかに変わってくるから面白い。チーム内に心理的な安全性が確保されると、コミュニケーションの量は自然に増えていく。毎日やっていると、多くの人がIcebreakerの効果に気づき、様々な会議でIcebreakerが実施されるようになる。それくらい、会議の雰囲気を作ることは重要である。

　代表的なIcebreakerのネタを並べてみた。パーソナルな話を聞くことが、相手を知るうえでは有効だし、純粋に楽しい。

・入社して一番驚いたことは？
・この24時間でうれしかったことは？
・学生時代にしていた部活は？
・最近凝っていることは？
・会社の人が知らないことを1つ教えて（実は私は××なんです）

　人数が少ないときは、一人ひとりに語ってもらえるテーマにすることが多い。大人数なら、頭の体操や心理テストがお勧めだ。

## 【対策2：発言のハードルを意図的に下げる】

　議論しやすい環境は、発言のハードルを下げることで作り出せる。会議に慣れていないメンバーは「この場では素晴らしい意見を言わなくてはならない」「自分の意見が採用されないと恥ずかしい」などと考えてしまうことが多い。自分でハードルを上げてしまい、考え過ぎて、発言できなくなる状態に陥る。

　そこでファシリテーターが意図的に発言のハードルを下げにかかる。先ほども書いたが、心理的な安全性が確保できれば、人の発言量は増える。こんな言い回しが有効だ。

　「『こうした方がいい』という意見はありがたいですが、まずは『好きか、嫌いか』の個人的な感想でOKです」「はっきり言語化できなくても、『何となく違和感がある』といったコメントだけでももらえると助かります」。こう言うと、自然に発言のハードルは下がる。「この程度の発言でいいんだ」と思ってもらうことが重要だ。

## 【対策3：場の熱量に合わせて質問を変える】

　活発な発言を促すには、場の熱量に合わせて質問の仕方を変えるといい。発言量は場の熱量に比例する傾向にある。場の熱量が低いと例外なく発言量は下がるし、熱量が高いと発言量は増える。

　だからといっていきなり熱量を上げようとすると、逆に熱量が下がると

いう現象が起こる。「何か意見はないのか？」という、脅しにも近い掛け声をかけるのがそれに当たる。発言量を増やしたいのなら、「誰か」「何か意見は」の表現はやめた方がいい。

「誰か意見はないのか？」「どう思う？」といった漠然とした問いかけ（オープンクエスチョン）が有効なのは、場が温まって、参加者をちょっと突つけば、パッと意見が出てくるような雰囲気のときだけ。冷え切った雰囲気のときは、名指しで答えやすい質問（クローズドクエスチョン）をするのがいい。「Aさんはこの案に賛成ですか？反対ですか？」「Aさんは今の話を受けて、アクションできそうですか？」といった具合だ。

これなら参加者も「指名されたから言いますけれど」といった感じで話し始められるので、発言のハードルが下がる。しかも「はい」か「いいえ」のどちらかで答えればよく、楽に発言できるようになる。これを繰り返すと場の熱量が上がっていき、発言のハードルが下がっていく。

こうして場が温まったら、オープンクエスチョンを繰り出す。それこそ「誰か意見はないですか？」を使ってもよい。活発な場を作るには、準備運動が必要なのだ。

基本動作⑥で解説した3つの質問「具体的には？」「なぜそう思うのですか？」「ほかにありませんか？」に対して、オープンクエスチョンとクローズドクエスチョンの例を示しておく（表4）。

大事なのはファシリテーターが「この会議は今、どの程度の熱量なの

**表4　場の熱量に合わせたオープンクエスチョンとクローズドクエスチョン**

| 狙い | 熱い時（Open） | ↔ | 寒い時（Closed） |
|---|---|---|---|
| 発言を正確に理解する | 具体的には？ | | XXという感じだと思うんですが、イメージは合っていますか？ |
| | | | A案に賛成と考えていいですか？ |
| 発言の真意を確認する | なぜそう思うのですか？ | | A案のメリットは、XXと考えていいですか？ |
| | | | XXのリスクを考慮してのご意見ととらえていいですか？ |
| 漏れがないかを確認する | ほかにありませんか？ | | C案は考えられませんか？ |

か」を正しく見極めること。場が冷めているときは焦らずに、クローズド
クエスチョンで場を温めることに注力する。

## 【対策4：意見と質問をストックしておく（付箋の活用）】

　場の熱量は準備運動を経て、徐々に上げていくしかない。急がば回れ
だ。だが特効薬もなくはない。しばらく一方的な説明が続く会議や、何ら
かの説明会で有効なツールとして、付箋を使う方法がある。説明を聞きな
がら、またはほかの人の意見を聞きながら、自分が感じたことをどんどん
付箋に書き出しておいてもらう。

　会議の内容をメモするのではなく、自分が感じたことをメモするのがポ
イントだ。具体的には以下のようなことを付箋にメモしてもらう。

---

**[付箋にメモしてもらうこと]**

・気づいたこと
・よく分からなかったこと
・異なる意見
・モヤモヤすること
・もう少し聞きたいこと
・疑問
・感想（この案がいいな、こんなリスクがありそうだ、大変そうだな）

---

　会議の冒頭で「今から色々と説明しますが、自分が感じたことを遠慮な
く、手元の付箋にどんどんメモしていってください」とお願いする。追い
打ちをかけるように「全くメモが書けないということはあり得ないですよ
ね？ メモがゼロということは、今から話すことを100％理解して、しかも
100％同意したということですから。あるいは話を全く聞いていなかった
か。そんなことはまずないでしょ？」とくぎを刺す。「話を聞いて何も感
じないのは思考停止状態ですよ。たくさん書くことがあると思います」と

付け加えてもいい。

　こうすると、多くの人がいっぱいメモを書いてくれる。各自の手元に付箋の山が積み上がったら、後はそのなかから選んで発言してもらえばよくなる。

　頭の中にあるものをいきなり発言してもらおうとすると、途端にハードルが高くなる。だから「考えて発言する」というプロセスを「まず考えて書き出す」「次に 1 つ選んで発言する」というように、2 段階に分けるのだ。これでハードルが下がる。

　「書き出したからといって、全て説明しなくてもいい」という安心感が、思考を自由にしてくれる。最初にメモに書き出しておけば、「何か意見はありますか？」と聞かれたときに発言がしやすくなる。

## 【対策 5：自分が上司の立場ならと考えてもらう】

　若手に多いのだが、頭の中で考えていることはあるのに、遠慮して発言を控えるケースがある。会議が終わった後、発言が少なかった若手に話しかけると「会議の進め方を変えればいいと思っているんですが、発言していいのか悩んでいたんです」「モヤモヤしていることがあるんですが、言うべきか迷っていました」という声をよく聞く。

　つまり、発言をしない人も、何も考えていないわけではない。しかし、部下は上司に遠慮している。やはり部下にとって、上司は絶対的な存在だ。後輩が先輩に遠慮していることもある。

　こんなときは、若手のマインドを変えてもらうために、こう返すようにしている。「もしあなたが上司の立場だったら、どうしてほしいですか？ 発言してほしいか、それとも黙っていてほしいか」

　もし自分が上司だったら、部下には当然、どんどん発言してほしいと思うはずだ。たとえイマイチな発言だったとしても、誰もしゃべらないことに比べればましだ。無言や無反応が一番つらい。上司の立場になって考えてもらうと、自然に自分がどう振る舞うべきかが見えてくる。

# 2.議論が盛り上がらない

 【例えばこんな状況で】

　全員がそこそこ発言するのだが、何とも盛り上がらないというか、議論が上滑りしているというか。密度の濃い会話になっていない。当たり障りのない発言が目立つ気がする。なぜかは分からないが、迷走している感じというか、手探り状態というか。

## 【対策1：考えやすい質問をする】

　議論の上滑りや迷走はよくある話だ。しかし、単に「何をしたらよいのか、どんな発言をしたらよいのか、分からない」という状態になっていることが多い。脳を働かせられる状態になっていないということだ。参加者が迷っているともいえる。

　それを脱するには、思考を働かせやすい質問をすることが有効だ。「ファシリテーションは相手に質問をして、発言を引き出すことでしょ？」なんて軽く考えている人は、参加者が頭を使いづらい質問ばかり連発する、困ったファシリテーターになっているかもしれない。頭を使いやすい質問が上手にできるようになって初めて、一人前のファシリテーターになれたといえる。

　具体的には「何を考えればよいのかイメージしやすい質問」を投げかければよいのだが、少し分かりづらいのでいくつか例を出そう。

　例えば、ペーパーレスを推進するため、将来の業務プロセスを仮作成したシーン。会議では今後のプロセス案を参加者にレビューしてほしいのだが、どんな質問の仕方が有効か、いくつかパターンを示す。

| × 頭を使いづらい質問 | | |
|---|---|---|
| ↑ | 仮案を作りました。コメントしてください | |
| | 仮案を作りました。パッと見て、違和感はないですか？ | |
| | 仮案を作りました。こんなふうに業務が流れたら、今より良くなりそうですか？ | |
| | 仮案を作りました。業務のイメージができない部分はありませんか？ | |
| ↓ | 仮案を作りました。流れを見て、「紙のときよりも手間が増えそうだ」と感じる部分はないですか？ | |
| ○頭を使いやすい質問 | | |

　別の例も示そう。新商品を説明する会議で、参加者に質問を投げかける
シーン。ひとしきり新商品の概要を説明した後、参加者から意見を引き出
して議論をしたいのだが、今度はどんな質問の仕方が有効か見てみよう。

| × 頭を使いづらい質問 | | |
|---|---|---|
| ↑ | 説明は以上です。どうですか？ | |
| | 説明は以上です。何か不明な点はありませんか？ | |
| | 説明は以上です。「メリットが分からない」とか、「既存商品との関連性をもう少し教えてほしい」といった質問はありませんか？ | |
| | 説明は以上です。この後、お客様に新商品の提案ができますか？ | |
| ↓ | 説明は以上です。ほかにどんな情報があれば、お客様に提案できますか？ | |
| ○頭を使いやすい質問 | | |

　こんな例もある。これまで月末にまとめて受注情報を登録していたもの
を、毎日入力するという運用に変更するための会議。新しい入力業務の流
れを確認しながら、「本当に、これで毎日受注の入力ができるのか？」と
いう議論をしているシーンだ。

| × 頭を使いづらい質問 | | |
|---|---|---|
| ↑ | この流れで、毎日受注の入力ができそうですか？ | |
| | この流れで、毎日受注の入力をすることになったとすれば、現場は何と言ってきそうですか？ | |
| | 使い勝手や慣れの問題で入力してくれないケースは、いったん除外して考えましょう。ここでは、毎日受注入力することで極端に工数が増えそうなケースがないかを確認したいです。その視点で見ると、どうですか？ | |
| ○頭を使いやすい質問 | | |

かなり高度な質問術だが、参加者が考えづらい（答えづらい）質問を1つ投げるよりも、考えやすい質問を数個出した方が議論の質は高まりやすい。ただし、その分、ファシリテーターには的確な質問を出す能力が求められる。コツは、相手が頭を使う余地を狭めていくことである。「思考の変数を減らす」ともいえる。

　「毎日、受注入力ができそうですか？」と尋ねられると、考えることが無数に存在することになる。人のスキルや業務の流れ、スピード、品質、ミスなど。考えるべき変数が多すぎて、仮説に仮説を重ねる必要が生じたり、どこから考えるべきか、参加者が悩んでしまったりする。

　そこでスキル面や品質面は全部除外して、例えば「手間」だけにフォーカスした質問をすると、みんな迷わずに頭を使えるようになる。

## 【対策2：全体像を示してから各論に入る】

　対策1の通り、考えるべきことを小さく切り分けることで思考の効率は上げられる。だが小さくしすぎて議論の全体像を見失うと、かえって迷いが生じてしまう。全体像が見えず、見通しが悪いままだと、人は途端に不

**図18　前後の関係を示して全体像を明らかにし、「今の位置」を確認する**

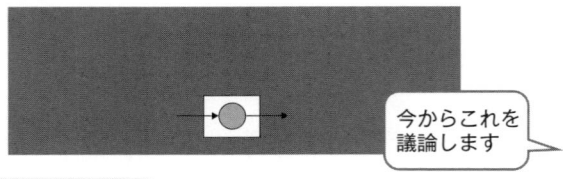

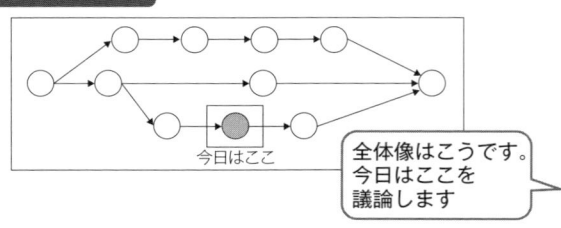

安になるものだ。

　10km先の目標物がはっきりと見えているなかで歩くのと、10m先も見えない真っ暗闇のなかを歩くのとでは安心感が全く違う。会議も同じで、遠くの目的がはっきり見えていれば、迷いなく進める。だから常に全体像を見せて、全体のなかでの位置づけを示しておく（図18）。すると参加者は安心して、目の前の議論に集中できるようになる。

　大抵の会議は単発では終わらない。多くの場合、前の会議があり、次の会議がある。会議が連続して、最終的に成し遂げたい成果につながっていくものだ。そこで常に前後の会議のつながりを見えるようにする。

　毎回、会議の冒頭で全体像を確認するくらいの気持ちで臨むのがちょうどいい。資料を配って全体像を示すのが王道ではあるが、口頭で少し補足するだけでも随分違う。いくつか例を見てみよう。

　例えば、将来の業務フローを考える会議で、全部でいくつの業務があるのかを示す（図19）。

**図19　口頭で全体像を示す**

今日は「消耗品の入庫業務」の検討です

今日は「消耗品の入庫業務」の検討ですが、入庫に関する業務は全体で5つあります。本体、付属品、消耗品、本体のレンタル品、返品があり、今日は消耗品の部分です。消耗品が一番複雑なので、ここを押さえておけると、後がスムーズだと思うので最初にもってきています。ほかのパートは来週にやります

図20　今後の展開を示す

今日は、会社で発生している人事的なイベントを洗い出します

今日は、人事的なイベントを洗い出します。ちなみに、イベントを洗い出したら、一つひとつの運用実態を調査し、形骸化しているものをあぶり出します。その後、削減できるものがないかを選定します。今日はその第一歩ですね

　続いて、人事業務を見直す会議で、今後の展開を示す例だ。図20のように全体像を示してから各論に入る。この行為は「今日の会議の終了条件の確からしさ」を確認しているともいえる。

　基本動作②に従い、会議の冒頭で今日の会議の終了条件を示す。だが「本当にこの終了条件でいいのか？」「なぜ今日はここまででいいのか？」が分からないと、参加者は不安になる。

　だから全体像を示したうえで、「あと5つのテーマがあって、今日はそのうちの1テーマが終わればOKです」と言われれば、なぜここまで決まればOKなのかが腹に落ちる。

　要は、常に一段上の全体像を示す必要があるわけだ。一つひとつの議論に注意を払ってくれる人は大勢いるが、全体像を示すことには多くの人が無頓着であることが多い。

## 【対策3：呼び水として、極端な意見をぶつける】

　時にはファシリテーターが参加者に、少々極端な意見をぶつけてみるのもよい。「極論ですが、全部やめてしまったらダメなんですか？」「思い切って、全て電子化して紙をなくしたら、何が起こりますか？」といった感じで、少々無茶な意見をあえて放り込む。

　すると参加者も黙っていられなくなる。「いや、さすがにそれは困るよ」「極端すぎるでしょ」なんてコメントが返ってくる。

　そうなれば、次の振りができる。「そうですよね。だとすれば、どの辺りまでなら許容できますか？」「やっぱり、そうですか。何が一番の問題だと思えますか？」などと二の矢を継げば、意見が出やすくなる。ファシリテーターが意図的に、議論に揺さぶりをかけるテクニックだ。

## 3. 一部の人しか会議に参加しない

 【例えばこんな状況で】

　A案、B案、C案の3つがあり、会議で選ばなければいけないシーンはよくある。部長が「A案じゃないか」と言い、課長が「B案も捨てがたい」と言ったとする。こうなると部長と課長が意見を闘わせ、それ以外の人たちは2人のやり取りを黙って見守るだけ。

　やがて部長のA案で決着したが、部長と課長以外は全く発言がなく、決まったことに黙って従うだけ。本当は全員が自分の意見を表明して、建設的に議論できるとよいのだが、どうすればよいか。

### 【対策1：挙手で意見を可視化する】

　基本動作⑦で、対話を促進して合意形成をすることを紹介したが、それがそのまま効く。一部の人は主張してくれているので、あとは発言が少ない人に話を振ればよい。名指しは個々人に意見を求める方法だが、全員に一気に意見を表明してもらうやり方もある。挙手による意思表明だ。

　「部長と課長以外のみなさんの意見も聞いてみたいのですが。A案に賛成の人はどのくらいいますか？手を挙げてください」と聞いてみる。ここでは多数決で決めるための挙手ではなく、みんながどう考えているかを確認するために手を挙げてもらう。「多数決で決めようとしているわけではありません。状況を知りたいだけです」と念を押してから挙手してもらうと、みんな安心して手を挙げられる。部長のA案よりも、課長のB案を支持するなら、B案に手を挙げればよい。

挙手は多数決のツールとは限らない。むしろ最も簡単な意思表明の方法だと考えた方がいいくらいだ。みんなに意思表明してもらえれば、意外とＡ案を支持している人が少なかったり、迷っている人が多かったりという状況が見える。そうなると「なぜＡ案に反対なのか？」「悩んでいる点はどこか？」といった感じで意見を引き出しやすくなる。

### 【対策2：付箋で全員同時に意思表明してもらう】

挙手からさらに一歩踏み込んでみる。有効なのは、またしても付箋だ。部長や課長が意見を出す前に1分だけ時間を取り、全員が「どの案がいいか、それはなぜか」を付箋に書いて、一斉に出し合う。クイズ番組に出演している複数の解答者のように「せーの、ドン」といった調子で、同時に付箋を出し合う様子を想像すれば、イメージできると思う。

全員が付箋に自分の意見を書いて同時に見せると、部長と課長しか意見を言わなかった状況が一変する。全員の意見がフラットに見えるようになり、独自の意見を持っているメンバーも出てくる。そうなれば、なぜそう考えたのかを語ってもらえばよい。

付箋で一斉に意思表明

　ポイントは、強制的に書かせることと、同時に書かせることだ。普段の会議では順番に意見を述べていくことがほとんどで、順番が後の人ほど前の人の意見に乗っかって、それで自分が考えた気になってしまうことが多い。思考や言語化を他人に頼ってしまうのだ。

　「A案、B案、C案のどれがいいか？」と問われても、「それは部長と課長が考えればいいでしょ。どうせ2人のどちらかの意見で決まるのだから」と、勝手に思考を放棄している人もいる。これでは会議に参加している意味がない。

　そこでほかの人の意見を聞く前に、自分の意見を付箋に書き出すように仕向ける。そうなると自分の頭で考えないといけなくなる。自分の思考力と言語にする力が試される。上司や先輩、他部署の人の顔色をうかがえないわけだから、自分が思ったことをストレートに書くしかない。

　ボヤッと部長や課長の意見を聞いているだけなのと、仮に考えが浅かったとしても自分の答えを持った状態で議論に参加するのとでは、天と地ほどの開きがある。これが参加者全員の主体性を引き出すキッカケになる。自分の意見が言語化されれば発言したくもなるし、自分と他人の考えの違いを理解したくもなる。これが参加者の意識を変えるのである。

　この方法は、活発な議論や全員参加の議論が作れるだけでなく、2つの副次効果がついてくる。やらない手はない。

### ［副次効果1］若手の修行になる

　自分1人で考え、自分の意見を文字にして書き出すということは、自分の能力が丸裸にされることに等しい。浅い意見ばかり出してしまうと、結構恥ずかしい思いをする。だから必死に考えるようになる。

　上司との思考の違いも見えるので、自分には何が足りないのか、どういう思考プロセスが求められているのかを考えられるようにもなる。これは思考の修行の場として最適だ。もしかすると、上司の力不足が露呈することになるかもしれないが…。

少数意見をきちんと拾える

　付箋に書き出すと、少数意見を拾い上げることもできる。誰かの顔色を見ることなく、自分の意見をそのまま書くしかないので遠慮が減る。その分、合意形成には時間がかかるかもしれないが、少数意見のなかには見逃していた大事な観点が眠っていたりもする。本気で質と納得度の高い議論をしたいなら、付箋で少数意見を拾うといいだろう。

## 【対策3：資料を配布しない】

　少し異なる対策としては、資料を配るのをやめるという手もある。資料を配布すると、参加者には内職の誘惑が増える。関心がある部分だけ先読みしたり、議論とは関係ない部分が気になったり、資料を見ているフリをしながらメールを書いていたり。そうなると、「今この瞬間の議論」に集中できなくなる。これは大問題だ（資料を電子的に配る場合も同じ。手元のパソコンで資料を見ていたら、紙を配っているのと実質的には変わりない）。

　そこで資料の配布をやめてみる。その場合の鉄則は、議論に必要な資料をプロジェクターやモニターに映すことだ。全員が前を見て、同じ画面を見ながら議論する形を取る。そうすれば、議論に集中しやすくなる。

　どうしても資料の配布が必要な場合は、配るタイミングをコントロールする。会議の最初にいきなり配るのではなく、使う直前に配るのだ。冒頭で配ってしまうと、どうしても中身が気になってしまう。議論の流れによっては資料が不要になる可能性もあるのだから、本当に使うタイミングで配るべきなのだ。


# 4.独演会が止まらない

 【例えばこんな状況で（その1）】

　会議でベテランの部長がずっと過去の経験談を語っている。全てが無駄

な話とは言わないが、横道に逸れた話が多すぎる。しかもこの部長が来ると、いつもこうなる。本人は良かれと思って話してくれているのだろうが、大事なところだけ手短に話してくれればいいのに。どうしたものか。

### 【例えばこんな状況で（その2）】

　リーダーがとにかく、自分の考えをとうとうと語る。会議の内容と合致しているといえばしている。完全な脱線ではないものの、そこまでくどくなくてもいいのだが。リーダーの話が長いから、ほかの参加者が自分の考えを話す時間が取れない。メンバーの主体性は失われていく。リーダーの話はもう少しコンパクトにできると思うのだが。でも「話が長いですよ」なんて言えるわけもないし…。

### 【対策1：終了条件を盾にする】

　こんな状況でバシッと「話が長いですよ」「その話は後でお願いします」と言えればよいのだが、実際にはなかなか言い出せない。こんなケースでよく使う手が、基本動作②で紹介した終了条件を盾にすることだ。

　「その話、後でちゃんとうかがいたいのですが、先に終了条件をやっつけちゃいましょうよ」とか、「すみません。その話は今日の終了条件を満たすのに、どうつながりますか？」と切り出すのである。

　相手がリーダーだと、これだけでもかなりハードルは高いが、手ぶらで切り込むよりはずっと楽だ。リーダーに自分の主張を物申すと角が立つが、みんなで決めた終了条件を盾にすれば「もっとお話を聞きたいんですが、終了条件がありますから、続きは後ほど」という雰囲気を醸し出せる。そのためにも、終了条件はきっちり宣言しておかなければならない。

### 【対策2：グラウンドルールを作る】

　会議の共通ルールとして「発言は端的に」「発言は1分以内で」など、ルールを作ってしまうことがある。それ以外にも「決まったこととやるべ

きことを必ず確認する」といったルールを盛り込んで、会議のグラウンドルールを作っておく。

こうした会議のルールがあり、ダメ押しで紙に書いて壁に貼っておくと、グラウンドルールを盾にできる。「××さん、ルール違反ですよ」「1分たちました」と切り出しやすくなる。

参加者の誰かが指摘するのではなく、グラウンドルールが指摘してくれているという感覚だ。こうすると不思議と角が立たずに、指摘することができる。

## 【対策3：全員で議論することと、一部の人でいいことを分ける】

基本動作⑤で紹介した「4つのPで会議を準備する」の鉄則通り、会議は終了条件を満たすうえで必須の人だけを呼ぶ。それがここでも適用できる。

長い話が始まったら、「それは全員で議論した方がいいですか？」「全員が聞いておいた方がいい話ですか？」と確認する。

多くの場合、ファシリテーターがキッカケを提供するだけで、「みんなで話す必要はないよね。会議の後でちょっと話そうか」と、本人が自主的にさばいてくれるものだ。聞く価値はあるが、一部の人だけが知っていればいいケースには効果的に作用する。

ファシリテーターが「AさんとBさんが話せば、それでいいですよね？2人には残ってもらって、会議の後にやりましょう」と提案してもOKだ。

そのときに判断の基軸となるのは、基本動作⑤で解説したように、「この会議にいないと困る人は誰か？」という視点である。

## 【対策4：スクライブで演説を可視化する】

基本動作④で紹介したスクライブは、話が長い人への対策にも使える。長い話をひたすら書き続けてみせるのである。ホワイトボードに書き切れないくらい、書いてしまっていい。途中で「今の話はどう書けばよいですか？」と確認しながら書くと、より良い。

　こうすると独演会を続けている本人も、さすがに独りでしゃべり過ぎたことに気づいてくれる。しかも長々と話した割には中身は大したことがない、またはやたら冗長だということにも気づける。

　誰でも他人から指摘を受けると腹が立つが、自分で気づくと素直に改善できる側面を持っている。スクライブで発言を可視化していけば、自分の振る舞いを客観視できるようになる。即効性はないが、長い目で見ると結構効いてくる。

　話が一区切りついたとき、「いやあ、書くのが大変でした」とか、「話の内容を確認しておくと、大事なのはここ（だけ）ですね」とか、さらに一押ししておくと、本人の気づきがより深まる。

### 【対策5：無言で手を挙げる】

　話し続ける人を止めて割り込むテクニックとして、無言で手を挙げるという手がある。これは独演会の場に限らず、議論が盛り上がり過ぎて収拾がつかないときにも使える。

　会議中にそっと手を挙げると、場の注目がその人に集まる。どんなに白熱した議論の最中でも、独演会でも話を止めることができる。一度は試してみるといい。

　話を一度止めたら、後は先ほどと同じく、「この話は全員で議論した方がいいですか？」と差し込めばよい。これはファシリテーターでなくてもできるのが、さらにいいところだ。そのための最低限の度胸だけは身に付けよう。

## 5. 発散や脱線が多すぎる

 【例えばこんな状況で（その1）】

　意見が出すぎて困る。みんなが好き勝手に発言する。話に話をかぶせてくる…。まるで井戸端会議のように、とりとめのない話が多く、話が前に

進まない。発言がないよりはましだが、本当はもっと密度の濃い議論をしたい。

 【例えばこんな状況で（その2）】

　ウチの会議はダラダラしがちで、間延びした感じがする。集中してやれば早く終わるはずなのに、すぐに脱線する。「集中しろ！」と言ってはいるけれど、効果なし。みんな早く会議を終わりたいと思っているのに、なぜこんなことになるのだろうか。誰も望んでいないのに。

 【例えばこんな状況で（その3）】

　話の脱線はコントロールしたいけれど、脱線のなかから新しいアイデアが出ることもある。ときには「必要な脱線」というのも存在するとは思うが、その見分け方は難しい。どんな場合は放置して、どんな場合には補正すればよいのか。

### 【対策1：終了条件を活用する】

　意見が出ないパターンとは正反対だが、話の脱線は会議でよくある光景だ。こんな状況では基本動作②がそのまま効く。終了条件を明確に設定するのだ。

　繰り返しになるが、終了条件が明確であればあるほど、議論をフォーカスさせやすくなる。話が発散しているなと思ったら、「終了条件を満たすのに必要な話ですか？」「終了条件を先にやっつけちゃいましょう」と言えばよい。

### 【対策2：スクライブで論点を明確にする】

　基本動作④で解説した「論点の明確化」も有効だ。論点（≒問い）が明確だと、そこに議論を集中させやすい。結局、何について話すのかが不明

確なのが、脱線や間延びの根本的な原因なのだ。

　話が発散してきたなと感じたら、スクライブを確認しながら、「ちょっと話が錯綜してきましたが、今は××について話しているんですよね？」「まだ××について話しているという理解でいいですか？」と確認を入れる。それだけで議論がキュッと絞られる。

## 【対策3：論点を用意しておく】

　事前に論点を用意しておけると、脱線を最小限に抑えられる。準備段階で主要な論点を洗い出しておくのである。

・この終了条件にたどり着くには、きっとこんな議論が必要だろう
・きっと、この辺りでモメるな
・ここが決まらないと結論は出ないだろう

　こうしたポイントが論点になる。だから会議の冒頭で「今日の論点はこの5つだと思っています。上から順に片づけていきましょう」と宣言してしまう。すると参加者の意識は自然に、掲げられた論点に向くようになる。

　ほかにも、事前にPrepシートや会議資料を共有し、参加者から議論したいことを集めておくというやり方もある。基本的な考え方は同じだ。今日の論点を、会議を開始する前に明確にしておく。具体的な論点の出し方は後述する「よくある困り事8.議論が間延びする」で詳しく解説しているので、そちらを参考にしてほしい。

## 【対策4：脱線していることを知らしめる】

　話が脱線するたびに、いちいち引き戻そうとしていると窮屈な会議になるし、必要な脱線もある。自由な議論のなかから、新しい何かが生まれることも否定はできない。しかし、この話は必要な脱線なのか、それとも今しなくてもいい不要な脱線なのかを見極めなければ、会議が長引くだけだ。みんな疲れて、ダレてくる。

そんなときにファシリテーターがよくやるのは「話が脱線してきましたね。このまま議論を続けますか？」「AからBに話題が変わったという理解でいいですよね？」と口に出して確認すること。

　「脱線しているのはダメだ。話を戻そう」というのではなく、脱線しているという状況だけを伝えて、このまま続けるかの判断は参加者に委ねる。

　そのうえで、参加者がそのままBの議論を続けるというのであれば、それでOKとする。やっぱりAの議論に戻ろうというのなら、それに従えばよい。

　大事なのは、今の状況をみんなに伝えて、何を議論しているのかという理解を常に合わせることだ。そうすると参加者は状況に応じて、ちゃんと話題をコントロールしてくれるようになる。

## 6. 議論がかみ合わない

　【例えばこんな状況で（その1）】

　熱心に議論をしているのに、話が平行線をたどっている気がする。具体的に何がとは表現できないし、決して大きく脱線しているわけでもない。しかし、話がかみ合っていない感じがしてならない。

　何がかみ合っていないのかが分かれば手の打ちようもあるのだが、正直よく分からない。でもきっと、かみ合っていないのだと思う。いったい何が悪いのか。

　【例えばこんな状況で（その2）】

　部長の質問に対し、課長が答えている。でも「部長が気にしていることは、そういうことではないと思うんだけどなあ…。ああ、やっぱりズレてた。かみ合わせが悪すぎるよ」。

## 【対策1：問題解決の5階層を押さえる】

　こんなふうに話がかみ合わないのは、構造的な議論のズレが原因であることが多い。実は議論には構造がある。特に問題解決の議論は、明確な5層構造になっている。これを私は**問題解決の5階層**と呼んでいる。5階層は事象、課題、原因、施策、効果の5つの要素で構成されている。

第1階層「**事象**」：今、何が起こっているのか。業務やシステム、顧客、従業員がどんな状況にあるのかを指す。単なる事実であり、人の主観は入らない

第2階層「**課題**」：現状の困り事。解決したいと感じること

第3階層「**原因**」：課題が発生しているのはなぜか。理由があり、背景があるはずだ

第4階層「**施策**」：課題を解消し、現状を目指す姿に近づけるための打ち手。通常は原因を踏まえたうえでないと、有効な施策は出せない。目指す姿を見据えられていないと表面的な改善にとどまりがちで、本質的な施策を出せない

第5階層「**効果**」：施策を実行するには投資が必要になる。リスクも伴う。得られる効果の大きさも施策ごとに異なる

図21　問題解決の5階層

147

このように、議論には5つの階層がある。会議では、今どの階層について話しているのかを見失うケースがとても多い。5階層のうち、どこの議論をしているのかをよく観察してみると、Aさんは「困り事＝課題（第2階層）」の話をしているのに、Bさんは「施策（第4階層）」の話をしている、なんてことに気づけるようになる。これでは話がかみ合わなくて当然だ。

　しかも下の階層の認識が合っていないと、それより上の階層の認識は合わない。「事象＝起こっていること」の理解がズレていたら、「課題＝困り事」の理解が合うわけがない。逆に言えば、この階層のズレが分かってくれば、かみ合わせの悪さを軌道修正できる。

・今、どの階層について話しているのか？
・参加者の間で話の階層がズレていないか？
・話がかみ合わないのなら、下の階層の議論を先にやるべきではないか？

　こんな視点で冷静に議論を観察できるようになる。ここで適切な投げかけをすれば、かみ合わせはよくなる。例を挙げてみたい。

 **実際の例**

　あるプロジェクトで「ペーパーレスの推進」という施策が打ち出された。しかし、その是非は賛否両論だった。

・ペーパーレスは効果があるという人
・ペーパーレスにしても意味がないという人
・ペーパーレスは手段であって目的ではないという人
・ペーパーレス以外にも有効な施策があり、ペーパーレスありきの議論は間違っているという人

・ペーパーレスで逆に工数が増えるという人

　こうなると、どこからどう議論すれば、みんなの思いがまとまるのか、見当がつかなくなる。こんなときこそ、問題解決の5階層の出番だ。この構造を基に、どこに不満があるのかを確認していく。

　例えば、ペーパーレスありきの議論が気に入らないと言っている人は、第4階層の「施策」がまだ出尽くしておらず、ペーパーレス以外にも施策があり得るのではないかと主張しているのだ。だから課題や原因に立ち戻り、改めて施策のアイデアを洗い直すところから仕切り直すと、ズレが解消できるかもしれない。

　工数が増えると言っている人は、第5階層の「効果」に疑問を持っている。この場合は、得られる効果を丁寧に議論していく必要があるだろう。

　こうしてみると、「ほかに施策があるのではないか？」と言っている人と、「ペーパーレスで逆に工数が増えるのではないか？」と言っている人は、違う階層を気にしていることが分かる。これを一緒に議論しても解消できない。1つずつ階層を分けて議論していくのがよいだろう。

## 【対策2：意義や目的が合っていない】

　意義や目的。つまり、なぜこれを実現したいのかという認識がズレているケースだ。問題解決の5階層の先には、実現したい世界や目指すべき姿があるはず。これが一致していないと、かみ合わせは悪くなる。

　この話は、先ほどの5階層とは次元が異なる。施策を打って効果を出したその先に、どんな状態を作りたいのかを合わせる必要がある。ペーパーレスを実現しようというプロジェクトで、施策の議論をしているシーンをもう一度想像してみてほしい。

・現場はどのくらい困っているか？（課題の階層）

・どの書類をペーパーレスにすべきか？（施策の階層）

・費用はどのくらいかかるか？（効果の階層）

・効果はどの程度、見込めるか？（効果の階層）

・現場がどのくらい変わるか？（効果の階層）

・どうしても紙で残さないといけないものはあるか？（施策の階層）

　こうした階層のズレは先ほどの5階層を意識しながらファシリテーションすると、かみ合わせがよくなる。ところが、そもそも何のためにペーパーレスを推進するのかと問われると、人によって理解がバラバラだったりする場合がある。つまり、「そもそも論」をろくに議論しないまま、問題解決の5階層の話に突入してしまっているのである。ペーパーレスの意義や目的は色々ある。

・ペーパーレスで書類の紛失リスクを抑えたい

・ペーパーレスで承認スピードを上げたい

・ペーパーレスで保管や検索の工数を下げたい

・ペーパーレスで書類の保管費を削減したい

・ペーパーレスで在宅ワークができる環境を整えたい

・ペーパーレスで案件の滞留を可視化し、確実な業務遂行を実現したい

　何のためのペーパーレスなのか。ペーパーレスを推進する意義や目的がはっきりしていなければ、議論はかみ合わない。紛失リスクの低減を目的とするなら、作業の効率化はおまけの話になるだろう。極端に言えば、現場の作業効率が下がってでも、紛失リスクを下げることを優先する議論をすればいいかもしれない。意義や目的が何なのかが一致していないと、そもそも議論が成り立たない。

　こうしたケースがあまりにも多いので、最近は真っ先に意義や目的にズレがないかを確認するようにしている。問題解決の5階層を意識しても話がかみ合わないときは、すぐに意義や目的の不一致を疑うべきだ。

# 7. 会話がまどろっこしく、スムーズに進まない

 **【例えばこんな状況で（その1）】**

　会話が冗長で、時間がかかり過ぎる。結論から先に言えばいいのにダラダラと話すから、とてもまどろっこしい。この人は結局、何が言いたいんだ？もっとスムーズにコミュニケーションできたらいいのに。

 **【例えばこんな状況で（その2）】**

　上司が部下に「分かりやすく発言しろ！」と指摘しても、言うだけでは改善は期待できない。「結論から話せ！」と言っても、ダラダラと遠回りに話してしまう人は必ずいる。端的に言いたいことを伝えられるようになるにはどうしたらよいか。

**【対策1：最後まで言い切らせる】**

　ダラダラしていて要領を得ない発言を、残念ながら頻繁に目にする。井戸端会議ならそれでいいが、ビジネスシーンではできる限り、スパッと会話したいものだ。

　要領を得ない会話にも原因は色々あるが、「語尾がはっきりしない発言を撲滅する」のが一番効く。日本語の特性上、発言の終わりがはっきりしていないと、言いたいことがぼやけてしまう。

　ところが日本人の多くは、語尾をぼかして話す傾向にある。国民性ともいえるが、会議ではやっかいだ。例えば、現状調査の進め方を議論しているシーンで、こんなやり取りがあった。よくある対話だ。

**Aさん**「本社の業務調査の後に支店ヒアリングが入っているのは…」
**Bさん**「ああ、それね。支店に聞くのを先にしようかと悩んだんだけど、
　　　　やっぱり本社の後にした方がいいと思ってさ」

ちゃんと会話が成り立っているようにも思える。だがＡさんは自分が伝えたいことを、最後まで言い切っていない。それなのにＢさんが回答を始めている。

　Ａさんが何を意図して発言しているのか、先ほどの会話だけでは不明確なのが分かるだろう。最後まで言い切っていないからだ。単なる質問なのか、懸念なのか、意見なのか。さっぱり分からない。

　「支店ヒアリングが入っているのは、なぜ？」なら質問だし、「入っているのは、××のときに困ると思う」なら懸念。「入っているのは、間違っている。本社と支社を入れ替えるべきだ」なら意見になる。最後まで言い切っていないと区別がつかない。

　質問、懸念、意見のどれなのかによって、回答は全く違ってくる。にもかかわらず、Ｂさんは最後までＡさんの話を聞かずに、早合点して自分なりの回答をしている。論点や質問が不明確なまま議論が展開される典型的なダメ例だ。これが議論がかみ合わない原因になっている。実際、この後に続くＡさんの発言は、実はこうだった。

**Ａさん**「本社の業務調査の後に支店ヒアリングが入っているけれど、支店ヒアリングは必要ないんじゃないかと思ってね」

　Ａさんが気にしていたのはヒアリングの順番ではなく、必要か不必要かという話だった。このやり取りは全く脚色していない。実際にあった話だ。いかにコミュニケーションがすれ違っているかが分かる。

　これを防ぐには、発言をきちんと言い切ってもらえばよい。周りの人も発言者が言い切るまでは口を挟まない。もしも発言の語尾がだんだん小さくなっていったり、モゴモゴ言うようなら、「最後まではっきりと言い切って！」「それで？」「何を気にしているのか？」と、しつこく発言を言い切らせるように仕向けるくらいでちょうどよい。

　相手の発言の語尾をリピートする方法もある。「支店ヒアリングが入っているのは…」で切れている場合は、ほかの人が「入っているのは？」と

語尾を拾ってあげることで発言の続きを促す。発言が途中で切れていると、本人に気づかせることができる。

　Aさんが言い切る前に誰かが発言しようとしたら、止めに入る。「Aさんの話を最後まで聞いてから答えよう」と言えばいい。

## 【対策2：何をしようとしているのかを宣言する】

　語尾がクリアになったら、発言の最初にさらに一工夫を加えると、より明瞭になる。最初に一言、今から何のために発言しようとしているのかを宣言してもらってから、中身に入る。具体的には、以下の枕詞を一言発してから話し始める。

---

**［発言の枕詞の例］**

・質問です

・確認です

・賛成です

・反対です

・違う意見があります

・相談したいです

・提案です

・補足です

・報告です

---

　例えば、「**質問です**。××が△△なので対策を打った方がいいと思うのですが、何かしていますか？」とか、「**確認です**。内容は理解できたと思うのですが、念のため。××は△△という理解で合っていますか？」といった感じだ。

　この作法に則って発言する癖を付けると、みんなの主張が明確になり、かみ合わせがかなりよくなる。最初に「質問です」と宣言されると、聞い

ている人は質問に対する構えができる。同じように、最初に「**反対です**」と言われたら、どこが論点になりそうか気にしながら、反対意見を聞けるというわけだ。定例会議でのこんなシーンを見てみよう。

---

**[Before]**

　部内の定例会議の終盤。「ほかに話しておきたいことはありますか?」とファシリテーターが参加者に問いかける。Aさんがおもむろに手を挙げた。

　「すみません。実はお客様から××のクレームを受けまして、○○日に△△という対応をしたんです」と切り出したAさん。

---

　一見すると普通のコミュニケーションに見えるが、これがよくない。Aさんは何のために発言しているのか。何がしたくてこの場でいきなりクレームの話を持ち出したのか。あまりにも唐突で、聞き手には全然分からない。結果的にほかの人たちは、これから何の話が始まるのかを探りながら聞くことなる。これではダメだ。そこで最初に一言、宣言するという作法を適用する。ここでAfterの例を見てみよう。

---

**[After]**

・「確認があります。お客様から××のクレームを受けまして、○○日に△△という対応をしたのですが、問題ないでしょうか?」
・「相談があります。お客様から××のクレームを受けまして、○○日に△△という対応をしようか、それとも別の対応をしようか悩んでいるのですが、どちらにすべきですか?」
・「1つ報告があります。お客様から××のクレームを受けまして、○○日に△△という対応をしました。対応は完了しています。情報共有しておきますね」

---

　こんな感じで宣言をうまく使う。するとその後、話が聞きやすくなる。もっと言えば、最初の宣言によって、後に続く言葉のとらえ方や聞き方が変わってくる。これが一言の宣言によって、会議の見通しが断然よくなる効果である。

　「端的に分かりやすく発言しろ！」と言ったところで、全然効果はない。「何がしたいのかを一言で宣言してから話そう」と伝えれば、誰でも実践しやすくなる。

### 【対策3：質問にはストレートに一言で答える】

　最後は、質問にはズバリ一言で答えるというものだ。相手に質問されたとき、ダラダラと説明を始めるのではなく、まず聞かれたことに対してストレートに答える。具体例を示そう。

Aさん「質問です。〜という理解で合っていますか？」

▼

NG回答：「先ほどの説明の通り、この部分が重要ですので…」
OK回答：「合っています。先ほどの説明の通り…」
OK回答：「間違っています。先ほどの説明の通り…」
OK回答：「一部は合っていますが、少し微妙です。先ほどの説明の通り…」

Aさん「確認です。進捗状況はどうですか？」

▼

NG回答：「現在、チームは課題分析をしている最中で、なかでも東京
　　　　　支店の分析に苦戦していまして…」
OK回答：「2日遅れています。現在、チームは課題の分析をしている最

中でして…」

OK回答：「スケジュール通りです。現在、チームは課題の分析をしている最中でして…」

Aさん「確認です。見積もりはできたの？」

▼

NG回答：「それはですね。××の項目は終わっていますが、先週○○から電話がありまして…」

OK回答：「まだです。△△の項目の見積もりだけが未完了の状態です。あと1時間で終わります」

OK回答：「できました。部長の承認待ちです」

NG回答は、誰もが身に覚えのある内容ではないかと思う。特に後ろめたい回答になる場合、どうしても言い訳がましく、色々な説明をして、結論を後回しにしてしまいがちだ。

だから相手には聞いたことに対して、結論を先にストレートに一言で答えるように、しつこく促す必要がある。実は会議では、ダラダラと不必要な説明をしている時間がとても長い。そのせいで時間がかかったり、かみ合わせが悪くなったりする。

これは訓練すれば、すぐに改善できるが、周囲がサポートしてあげないと、本人だけの努力ではつらい。誰かが結論を言わないまま、ダラダラと説明を始めたら、「ちょっと待って。まず質問には一言で答えようよ」と伝えて、サポートしてあげるとよい。こうした発言の作法は、会議のグラウンドルールにして徹底するのもお勧めだ。

# 8. 議論が間延びする

 【例えばこんな状況で】

　脱線しているわけでもないし、議論が盛り上がっていないわけでもない。かみ合わせが悪いともいえない。しかし議論が長く、密度が薄く感じる。間延びしている気がする。もっとスピーディーに会議を進めたいのだが、どうしたらよいか。

## 【対策1:「問い(論点)」を整える】

　基本動作④で解説したように、議論を始めると次から次へと新たな問い(論点)が発生する。この問いに答えが出て、さらに次の問いが生まれ、また答えが出て、やがて終了条件に到達する。

　要するに、終了条件に到達するには複数の問い(論点)を消化していかなければいけないのだが、通常は各自が思いついた問いを投げかけて、場当たり的に議論している。だから、あらかじめ適切な問いを用意しておくと議論がスムーズに進む。終了条件にまっすぐたどり着けるように問いが並んでいれば、議論の密度とスピードは自然に上がる。

　この構造を分かっていると、終了条件と合わせて、「終了条件にたどり着くために議論すべき論点」を整えられる。これは「よくある困り事5.発散や脱線が多すぎる」で解説した話と同じだ。例えば、「新人のOJT(職場内訓練)先を決めて、配属する部署に依頼できる状態を作る」という終了条件を設定したとして、終了条件にたどり着くために議論すべき論点は以下のようになる。

・OJTは何カ月間が適切か?
・OJTで何を学んでほしいか?
・OJTの終了時に、新人はどんな状態になっているべきか?
・OJT先として最適な環境とは何か?

・年次が近い先輩がいるなど、必須条件はあるか？
・候補となる部署はどこか？

　参加者がどんなことを疑問に思い、問いかけたくなるかを考えると論点が出てくる。論点が事前に洗い出されていれば、1つずつ順に議論して結論を出していける。

　最初から論点が見えていると「ほかにもこんな論点を議論しておきたい」という話もできる。どの順番で論点を話すのが効率的かも考えられる。

　論点を眺めてみると「ここは意見が分かれるだろうから、しっかりと議論すべきだな」とか、「ここはサラッと確認すれば大丈夫」ということまで事前に見えてくる。論点の重要度も分かってくる。準備の段階でここまでできれば、言うことなしだ。

## 【対策2：「読み上げ」をやめる】

　会議が間延びする原因の1つに、資料の読み上げがある。時間をかけて作った資料を会議の冒頭で配り、資料の1行目から丁寧に説明していく。実はこの時間はムダで、間延び感が出てしまう。

　資料を作るのは良いことだ。でも会議の場で資料を読み上げる必要があるだろうか。資料に書かれていることと違うことを話してくれるならまだいいが、一言一句違わず読み上げる人がいる。せっかく資料があるのだから、各自で黙読した方が絶対に早い。読み上げると10分かかる内容も、黙読なら3分で済む。

　そもそも発表者が読み上げている間、参加者はほとんど話を聞いていない。発表者の朗読など無視して、勝手に資料を読んでいる。誰でも身に覚えがあるはずだ。

　だから最初に3分だけ読む時間を設けて、資料に書いてあること以外に補足事項があれば、発表者が説明すればよい。その後、資料を読んでも分からないところだけを質問する流れが最も効率的だ。これだけでも会議の速度は一段上がる。

　会議の前に資料を送付しておいて、会議までに目を通しておいてもらえるのが本当はベスト。ただ、そうすると、必ず読んでこない人が出てくるので、会議の冒頭に黙読する時間を設ける方が現実的だ。

## 【対策3：「逐次対応」をやめる】

　うるさ型の参加者が気になったことをバンバン質問してきて、説明が前に進まないケースがある。優先度が低い議論に時間を使ってしまうこともある。これもまた、会議が間延びする一因である。「これはどうなっているんだ？」「それはこの後に説明するのですが」といったやり取りが何度も続くと、みんな嫌になってくる。

　「細かいことだけど、資料の××の字が間違っているよ」「確かにそうですね。直しておきます」。こんな会話もよくあるが、多少の誤字脱字は通常の会議では気にしなくていいはず。本質的でないところに指摘が続くと、あっという間に時間切れになったり、永遠と議論を続けることになったりする。

　質問が出たそばから逐一答えていると、全体像がだんだん見えなくなっていき、優先度が高いテーマに時間をかけられなくなってしまう。そこで質問は全て挙げ切ってから、優先度を付けて対応していくのが基本だ。これだけで会議の密度が格段に上がる。質問を挙げ切るには、ここでも付箋を使うのが有効である。

　プレゼンターが説明している間は質問を挟まず、我慢して最後まで聞く。不明な点や懸念、質問はどんどん手元の付箋に書き出しておいてもらう。説明が終わったら付箋を集めて重複を切り分け、重要度が高い質問から順に答えていくようにする。

　付箋を使わずに1人ずつ意見を言ってもらうと、挙がったそばから逐次議論することになりがちだ。付箋に書き出すことで重要な論点に話を集中でき、手戻りが大幅に減る。誤字脱字の指摘などはありがたいが、会議の途中にみんなの前で言わなくてもいいし、わざわざ答えなくていい。その場の優先度をよく考えよう。

## 【対策4：「仮案」を用意する】

　ファシリテーションを大事にしていると、何でもかんでも合議制で進めたくなる。一方的に意見を押し付けず、合意形成することを大事にしたくなってくる。その発想自体は素晴らしいのだが、やり過ぎると弊害が出てくる。

　あらゆることにゼロから合意を取ろうとすると、とんでもなく時間がかかってしまう。合意形成と納得感は確かに大切だが、スピードも重要。時間がかかるとそれだけで会議はダレ始め、みんなの集中力が失われる。だから合意の取り方にもメリハリを付ける。

　最もベーシックなのは仮案を用意しておいて、それをベースに合意を取りつけるやり方だ。例えば、「プロジェクトの最終報告会」について議論するシーンを想像してみよう。決めないといけないのは、次のようなことだ。

1.報告の日時
2.報告の対象者
3.報告の狙い
4.報告の時間
5.報告の構成（アジェンダや目次）
6.報告の内容（具体的に何を伝えるか）
7.ファシリテーター、スクライバー、報告者の割り当て
8.質疑応答の方法

　決めなければいけないことはたくさんある。これらを1つずつ合議制で議論しようとすれば大変だ。「日時はいつがいいかな？みんなの意見は？」「報告にかける時間はどのくらいが適正かな？　Aさんはどう思う？」なんてやっていると、どれだけ時間があっても足りない。それでいて、結論に対して納得度が高まるかというとそうでもない。

　日時や時間、構成などは、誰かが事前に仮案を作っておいて、会議では仮案をざっと見てもらい、修正が必要かだけを確認する。それで十分だ。

　「報告日は来週金曜、時間は1時間と仮定しています。報告の構成は『取り組みの背景とゴール→これまでの検討内容→現状と課題→承認してもらいたいこと→質疑応答』という流れで仮置きしてみました。修正した方がいいところはありますか？」とだけ聞けばよい。仮案をベースに良しあしを議論することができる。仮案があると意見を言いやすいし、特にこだわりがない部分には時間を使わなくて済む。

　さらに多少違和感があっても、「取りあえずこれで仮決めにしておいて、『報告の内容』を議論した後にもう一度見直すことにしませんか？」などとも言える。すると納得感を損なわずに、議論の速度を上げられる。仮案をうまく使ってもらいたい。以下に、メリハリの判断基準を記しておく。

　「報告の日時」「報告の時間」「報告の構成」など、どんなに議論しても結論が大きく変わらないものは誰かが仮案を作っておいて、サクサク決めてしまえばいい。

　一方、個々の価値観を合わせるための議論や方向づけをする議論には時間をかけた方がよい。ここがブレると、後から大きな手戻りになるリスクがあるからだ。先ほどの例だと「報告の内容」や「報告の狙い」がそれに当たる。

　限られた時間をどこにどう使うか。時間をかけて合意を取る価値があるものはどれかを見極める。これで会議の間延びは防げる。

## 9.論点が多すぎて、議論が難しい

【例えばこんな状況で（その1）】

　論点を整理して議論したいのは分かるが、その論点が多すぎる。考えるべきことが多くて、どこからどう議論すればいいのか分からない。

**【例えばこんな状況で（その2）】**

　論点は挙がるのだが、どう決めるべきか悩ましい。論点ごとに関連性が
あり、Aが決まらないと、Bも決めづらい。AはCにも関連していて、さ
らにややこしい。どこから手をつければよいのやら。

## 【対策1：論点同士の上下関係をひも解き、上位から検討する】

　「よくある困り事8.議論が間延びする」で、論点を洗い出すといいと説
明した。しかし論点が多すぎたり、論点同士が密接に関連していたりする
と、論点を洗い出すだけではスムーズな検討が難しくなる。その場合、論
点を洗い出した後、論点ごとの関係性をひも解いておくと、どこから議論
すべきかがハッキリする。

　例えば、「会社の50周年記念イベント」の企画を考える場合。思い付く
論点をまず挙げてみる。

**図22　論点を洗い出す**

A ： 式のコンセプト、狙いはどうする？
B ： 式全体の時間は？何時から？
C ： 参加者は誰？何人くらい？
D ： 式の構成（式次第）は？
E ： ご飯や飲み物は出す？
F ： 構成ごとの時間は？
G ： 構成ごとの内容は？
H ： 予算は？

論点を挙げる

　こんなふうに、多くの論点が出てくる。議論が進むと新たに出てくる論
点も山ほどあるだろう。これらのどこから検討するかが悩ましいのだが、
基本的な考え方は上位要素から検討するということだ。

　上位要素とは、ほかの要素に一方的に影響を与える要素（要素Aが変
わると、要素Bも要素Cも変わる。要素Bが変化しても、要素Aには影響

しないもの）のことを指す。

　先ほどの例では「式のコンセプト」は当然、「式の構成」に影響を与える。だが式の構成が変わっても、コンセプトが変わったりはしない。つまり、コンセプトは式の構成よりも上位要素なので、先に検討しないといけない。

図23　上位要素から検討する

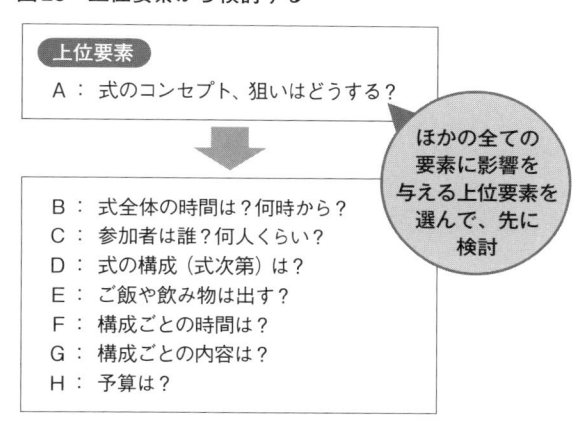

　このように1つずつひも解いていくと、コンセプトを何よりも先に決めないと、ほかの要素も決められないことが分かる。真っ先に検討すべきなのは、上位要素であるコンセプトということになる（場合によっては、さらに上位要素、例えば、「そもそもこのイベントをやるべきなのか」などが出てくることもあり得る）。

## 【対策2：相互依存要素は仮決めしながら、スパイラルアップで検討する】

　上位要素が固まってくると、残った論点は相互に影響し合うものが多くなるはずだ。これを「相互依存要素」（要素Aが変化すると、要素Bも変化する。その逆も起こる。お互いに影響を与え合う要素）という。

　例えば、「式の時間」と「式の構成」は相互依存要素だ。式の時間が1

時間なのか、4時間なのかで、当然「構成」も変わってくる。逆もしかりで「盛りだくさんな構成」にするなら、「式の時間」は長くしなければならない。先の例でいうと、コンセプト以外の論点は相互依存の関係にあるといえる。

　相互依存要素は1つを決めてから次に進もうとすると、かえってうまくいかない。式の構成を確定させてから式の時間を検討したら、12時間も必要になって見直しを迫られたり、式の時間を確定したら予算不足で見直しが必要になったりするからだ。

**図24　相互依存要素を「スパイラルアップ型検討」で議論する**

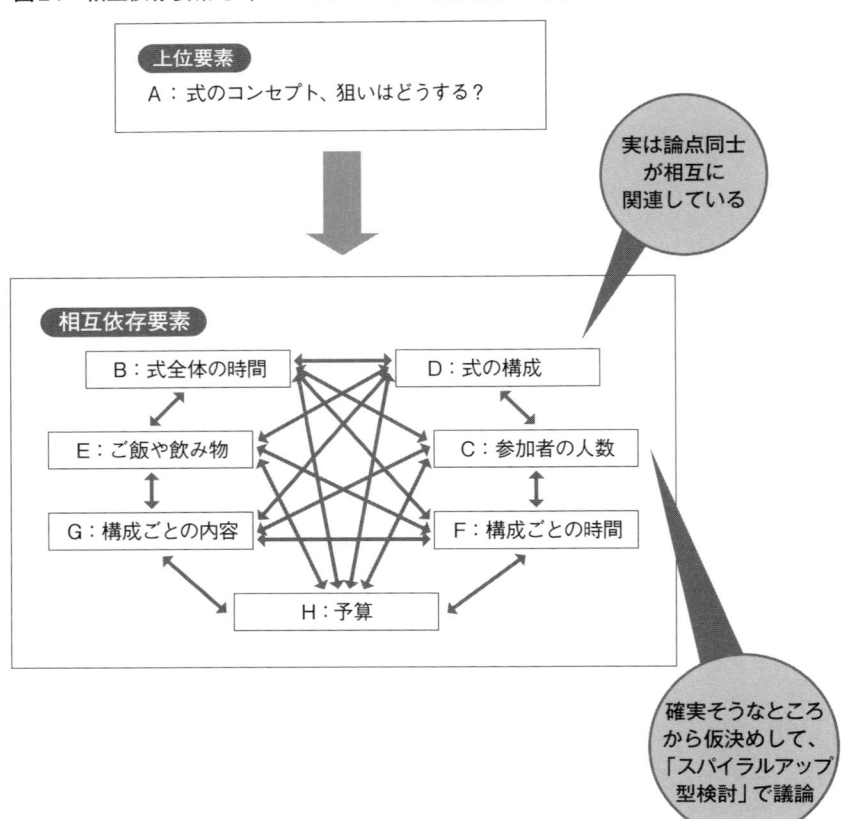

なので、論点ごとに結論を仮置きしながら、相互依存要素を順繰りと検討していく方が有効だ。「仮に式の時間は4時間として、式の構成を考えてみよう。この構成なら、予算はこのくらいかな。予算に余裕があるから、もう少し時間を延ばそうか。時間を変えると構成はこう変わるかな？」といった感じで、仮置きした結論を足がかりに、ほかの論点を議論していく。そしてぐるっと回って、最初に仮置きした結論を再検討する。これを我々は**スパイラルアップ型検討**と呼んでいる。

ファシリテーターの心理としては、一つひとつの論点を着実に決め切ってしまいたいものだ。しかし現実的にはなかなかそうもいかない。仮置きに仮置きを重ねて、全体のバランスを見ながら最終決定する必要がある。

## 【対策3：選択肢を挙げてから結論を仮置きする】

結論を仮置きするのは、意外と勇気がいる。判断要素が何もないなかで仮決めしないといけないからだ。そこで私がよくやるのは、取り得る選択肢を全部挙げてから、最もありそうなもので仮決めしていく方法である。

例えば、式の構成であれば、「過去に当社で開催した式典を見てみると、大きく3つのパターンに分類できそうでした。とりあえずパターン1で仮置きしてみてもいいですか？」と切り出す。式の時間であれば、「1時間だと短く、4時間だと間延びすると思います。とりあえず、3時間くらいで仮置きしませんか？」という感じだ。

「選択肢は3パターンあります」とか、「1〜4時間が妥当」と最初に示しておけると、後から再検討するときにもスムーズになる。ここでは「とりあえず〜にしておく」というキーワードも有効だ。

また、予算が「大体200万円」と与件として決まっていれば、それはそれでほぼ確定の結論として置いてしまえばいい。

多すぎる論点への対処はかなり高度な方法論が求められる。そこで事例を見てみよう。対策1〜3を適用した実例だ。

 実際の例

　来年度から始まる新業務があり、事前にトライアル運用をしてみること
になっていた。その「トライアル計画を策定する」という議論をしたとき
のこと。まずは論点の候補を洗い出してみた。

・そもそも新業務の狙いは何か？
・トライアルで何を検証できればいいのか？
・対象部署は？
・対象者は？
・期間は？
・対象製品は？
・KPI（重要業績評価指標）の設定は？
・トライアルの成功基準は？

　こんな感じで、要素がたくさん出てくる。次に要素ごとの因果関係をひ
も解くと「新業務の狙い」「トライアルで検証したいこと」がそのほかの
要素よりも上位要素であることが分かった。この2つが決まらないと、ほ
かは決められない。トライアルで検証したいことが変われば当然、「対象
部署」「対象製品」は影響を受ける。だが、対象部署や対象製品が変わっ
ても、トライアルで検証したいことは変わらないはずだ。
　そこで、2つの上位要素を先に検討して決めてしまうことにした。もっ
とも、新業務の狙いは別途決まっていたので、確認する程度だった。
　残るは「対象部署」や「期間」などだが、これらは相互に影響をし合っ
ている。短期間でやろうと思ったら、対象部署を多くしないと有意義なト
ライアルにはならないかもしれない。逆に長期間でやるなら、より多くの
ケースが発生するだろうから、対象部署は少なくていいかもしれない。こ

れは相互依存要素になる。

　なので、要素ごとに結論を仮置きしながら検討を進めていく。最も固そうな要素から仮決めしていくのだが、当時はこんな議論をしていた。

　「主力製品Aと、サブ製品Bでは売り方が全然違うから、両方ともトライアルが必要だろう。製品CはBに似ているから、トライアル対象にすべきか悩むな」

　「では、仮にAとBを対象にして、Cは対象外と仮決めしてみようか」

　「だとすると、担当部署は営業1課と3課になるかな。2課も候補だけど、C製品の取り扱いが多いから、いったん外そう」

　「じゃあ、期間を考えるとどうなる？」

　「あくまでもトライアルだから、あまり長くても困るよね。3カ月くらいが限界かな。でも最短1カ月は必要なんじゃないかな。根拠はないけど」

　「なるほど。仮に3カ月だとすると、50くらいのサンプルが取れるね。少し足りないかもしれないな」

　「だとしたら、やっぱり製品Cも加えようか。それなら70くらいのサンプル数になるよ」

　「だとすると、2課も対象部署に入れるかい？」

　この後、各要素を2周議論して、ようやく全ての項目が決定した。


　こんな感じで、まず上位要素を先に検討し、決めてしまう。次に相互依存要素を検討する。相互依存要素は固い要素から優先して仮決めし、仮定のうえでほかの要素を検討する。その後、最初に仮決めした要素に立ち戻って内容を見直すというスパイラルアップ型の議論をする。これをいきなり、「さて、期間はどうしますか？期間が決まらないと、ほかの要素は決められませんね」と言い出しても、全く議論は進まない。

# 10. 意思決定に時間がかかる（トップ合意編）

 【例えばこんな状況で】

　トップに意思決定を迫り、承認を取り付けたいのだが、ぐちゃぐちゃした議論になってしまい、なかなか結論を出せない。ファシリテーターの仕切りが悪いのか、意思決定者が煮え切らないのか。とにかくスパッと決めたいのに色々な意見が出てきて、どうにも収束しない。なぜこうも時間がかかるのか。

## 【対策1：「何を決めたいのか」を明確にする】

　意思決定プロセスに特効薬はない。基本的なことから1つずつ押さえていくことで、地道に質とスピードを上げていくしかない。最初に押さえておくべきことは、この会議で「何を決めたいのか」を明確にすることだ。

　そんなの当たり前と思われるかもしれない。ところが案外、「何を決めたいのか」が示されていない会議は多い。例えば、会議のアジェンダや目的がこんなふうに書かれていたら即アウトだ。

NG例：「施策方針に関する意思決定」
NG例：「採用する会社について」

　こんなお題に身に覚えはないだろうか。これではあまりにも曖昧すぎる。意思決定する側にしてみれば、具体的に何を決めればよいのかイメージできない。理想的には「イエスかノー」「OKかNG」の二者択一で答えられるくらい、かみ砕いて示すのがよい。

OK例：「A社を採用することでいいか、判断いただきたい」
OK例：「取り組みを進めるうえで、××円のコストを投じてもよいか、
　　　　意思決定してもらいたい」

OK例：「主要な課題は4つととらえているが、違和感がないかを確認して
　　　　もらいたい」

　こんな感じだ。これならイエスかノー、OKかNGで答えられる。意思
決定者も「A社でいいのか悪いかを判断すればいいんだな」とイメージが
はっきりする。こうしておけば、議論が発散しても「結局、A社でいいん
ですか？」と聞き直すことができる。

　実はここまで落とし込んでおかないと、自分たちも何を判断してもらい
たいのかを見失ってしまうことになりかねない。特にプロジェクトの中間
報告や最終報告、投資の稟議などは、資料の最初に「何を決めたいのか」
を明示しておくべきである。

## 【対策2：「決め方」を決める】

　決めたいことは明確だとして、次にあやふやになりがちなのは「決め
方」である。ここが不明瞭だと、やはり参加者はどう議論したらいいのか
悩んでしまう。そのせいで議論が散らかる。

　決め方にも様々な手段がある。だから、どうやって決めるかをあらかじ
め決めておく。終了条件を最初にきちんと示すのと発想は同じだ。

・投票で決めるのか
・全会一致の合議制なのか
・最後は社長の一存で決まるのか
・ある基準に沿って評価して決めるのか
・これらの組み合わせで決めるのか

　議論に入る前に決め方を決める。ここをおろそかにしている会議が多す
ぎる。例えば、「採用する会社をA社、B社、C社の3つから選びたいと思
います。決め方としては、プロジェクトメンバーがコストや品質、柔軟性
の軸で情報を集めました。それらの結果を基に、経営陣5人で議論したう

えで合議制で、採用する会社を決定する流れを考えています」と確認して
おけば、スッキリする。これが決め方を決めるということだ。

　ここで注意すべきことがある。杓子定規になり過ぎないことだ。決め方
を決めつける必要はない。「まずは合議制で決められるか、やってみま
しょう」くらいの感じでいい。「何としても合議制で決める」と決めたこ
とに縛られ過ぎると、参加者の納得感が絶望的に下がる可能性がある。1
時間も議論して決まらないのなら、再度決め方を決め直せばよい。

　「1時間議論してきましたが、決まりませんね。このまま合議制で進めま
すか？　それとも社長に判断を委ねますか？」と切り出すのもいいだろう。

　決め方を決めるタイミングで、先回りしておくこともできる。「採用す
る会社は合議制で決める流れを考えています。もし1時間で合意できない
場合は、どうすれば決められるかを話し合い、次回のアクションを明確に
しようと思います」といった感じだ。

## 【対策3：意思決定に必要な情報を用意しておく】

　決め方が決まっていれば、「決めるにはどんな情報が必要か」「どんな議
論をするのが効率的か」が考えられるようになる。基本動作⑤の4つのP
で会議の準備をするで紹介したProperty（装備）の考え方と同じである。

　意思決定者の立場になって、どんな情報があれば意思決定できるのかを
事前に考えておく。情報がきちんとそろった状態で議論に臨めば、スパッ
と決まる会議が作れる。決めるために必要な情報は「決めたいこと」と
「決め方」に依存するので、先に解説した2つと合わせて、以下のような
構造になる。

（A）「決めたいこと」が明確になっていて、
（B）「決め方」が決まっていれば、
（C）「決めるために必要な情報」をそろえておける

　この3つを常にセットで考えると、意思決定のスピードは間違いなく上

がる。逆に1つでも欠けていると、なかなか結論は出ない。

## 【対策4：Show The Flagで議論する】

　決めたいことが明確になっていれば、「Show The Flag（旗を揚げる）」が使える。例えば、「A社を採用するでよいか、判断いただきたい」というのなら、意思決定者に付箋を配っておき、最初に各自の立場を表明してもらう。

　賛成なら青色の付箋。反対なら赤色の付箋。質問があるなら黄色の付箋。こんな具合に自分の立場を付箋で示してもらう。一人ひとりに「あなたは賛成ですか？　それとも反対ですか？」と聞いていると、当然時間がかかる。だが付箋を使えば、誰に意見を聞くべきかが一発で分かる。

　意思決定者が5人いて、4人が青色（賛成）なのに対し、黄色が1人いたら、真っ先に黄色の人に話してもらう必要がある。議論の途中で意見が変わったら、付箋の色をすぐに変えてもらう。心変わりした人がいれば、その人には意見を変えた理由を確認したい。

　ポイントは、付箋という旗をずっと揚げっぱなしにしてもらうこと。複数の意思決定者がいる場合、常に立場が明確になっていると、会議をスピーディーにコントロールできるようになる。

　散々議論した揚げ句、よくよく聞いてみると、実は全員賛成だったということはよくある。全員賛成なら、議論に長い時間を使う意味はないはず。そこに早く気づいてもらおう。

**付箋で意思表明する**

**【対策5：どうすれば決められるかを確認する】**

　対策1〜4は正攻法。だがどれだけ準備しても想定外の事態は起こる。「この情報があれば決められるだろう」と思っていたが、ふたを開けてみたら、もめることだってしょっちゅうある。

　どうしても決められないなら、無理に意思決定しようとするのではなく、「さらにどんな情報があれば（追加で何を議論すれば）意思決定できるのか」をその場で確認し、合意を取ってしまう。情報不足で決められないのなら、このままグダグダな議論を続けていても仕方ない。その場は一度諦めて、会議を仕切り直した方が短時間で済むかもしれない。

　会議の主催者としては「ここで何とか決めてしまいたい」と思うのは当然だ。でも独りで必死に「どうすれば決まるんだ？」と苦しんでいるのは、極めて不健全な状況である。

　意思決定者にも会議の参加者として、会議を有意義な場にする責任がある。だから意思決定者に直接、「どうすれば決められるんですか？」と聞いてしまうのが手っ取り早いこともある。

　「正直、お手上げです」とストレートに表明したっていい。スピーディーに質の高い結論を出すには、回りくどい議論などしている暇はない。どんどん意思決定者を巻き込んでしまおう。結局、決めるのは彼ら（彼女ら）なのだから。


# 11. 意思決定に時間がかかる（現場合意編）

 **【例えばこんな状況で（その1）】**

　現場のメンバーで議論をして、意思決定したい。一つひとつは大きな意思決定ではないが、色々な意見が出て合意形成に時間がかかる。各自の主張を全て聞いていると時間がかかって仕方がないし、主張を丁寧に聞いたからといって、スムーズに意思決定できるとも思えない。どうしたらスムーズに合意形成できるのか。

**【例えばこんな状況で（その2）】**

　部門横断の取り組みで、今後の方針を決めようとしているのだが、各部門の利害関係や価値観の違いで、議論が全然まとまらない。立場や役割、見ているものが違う人たちと合意形成するのは本当に難しい。

## 【対策1：選択肢を出して決断しやすい状況を作る】

　合意形成するとは、要は選ぶことだ。人は何かを選ぶとき、選ぶに足る理由を求めている。

　誰かに突っ込まれたときにきちんと説明できる理由が必要だし、自分自身を納得させる必要もある。自分の考えは間違っていないという確証が得られないと、不安にもなる。

　そして「A案が絶対的に正しい」と主張するよりも、「A案、B案、C案を比較してみて、相対的にA案がベストだ」と主張する方が、ずっと理由を立てやすくなる。

　つまり、複数の選択肢とそれぞれのメリット/デメリットを提示するのが、意思決定を促進する基本構造といえる。この構造になると途端に選びやすくなる。事前に選択肢が見えているなら、比較表を作ってしまえばよい。議論しながら即興で、選択肢を整理していってもいい。

　では、実際の会議でどんなふうに切り出せばよいのか。ダメな例（×）と悪くはないがイマイチな例（△）、良い例（○）を挙げてみよう（図25、図26、図27）。

**図25　議論の最初に選択肢を示す**

　今日は××について意思決定します

　今日は××について意思決定するんですが、結局、A案、B案、C案の選択肢になると思っています

議論の最初に選択肢を示してしまう。ゼロからの議論ではなく、3つのなかから比較して選べばよくなる

図26　選択肢に加え、メリットとデメリットを示す。または比較表を作る

A案、B案、C案の、どれにしましょうか？

選択肢を示していて悪くはない

A案のメリットはこう、デメリットはこうですかね？ B案のメリットは…
さて、どれにしますか？

案ごとのメリットとデメリットまで示している。ここまですると、さらに選びやすくなる

それぞれの案を横並びで、コスト、信頼性、効果の項目ごとに評価するとこうなります。どれにしますか？

|  | A案 | B案 | C案 |
|---|---|---|---|
| コスト | ○ | △ | ○ |
| 信頼性 | × | ○ | × |
| 効果 | × | ○ | △ |

評価項目を設定し、項目ごとに良しあしを比較するのも有効なやり方だ。パッケージソフトの選定など、大事な意思決定でよく使われる方法

図27　議論のなかから選択肢を拾い出す

なかなか決まりませんね…
Aさんはどうですか？

話を振るのは悪くないが、オープンクエスチョン過ぎる

なかなか決まりませんけど…。
これまでの話を踏まえると、A案、B案、C案の3つに集約できそうですね。みなさんはどれを支持しているんですか？

これまでの議論から、その場で選択肢を示している。こんなふうに選択肢を示せると、合意形成がスムーズになる。この後「C案の派生でC'案もあるよね」というコメントが出て、4案で議論を進めることもよくある

## 【対策2：選択肢ごとの特徴を際立たせる】

　さらに、選択肢ごとに特徴を際立たせると、決断を促進できる。選ぶに足る情報が欲しいのだから、ほかの案と同一の部分は重要ではない。どこに差があるのかを明確にすればよい。

　局所的な差異を比較した後、全体を包含して「結局、一言で言うと、こんな違いになります」と示せれば、より選びやすくなる。特徴の際立たせ

方としては「得るものと失うものの差」「価値観の差」という切り口で違いを見せるのがスタンダードなやり方だ。これも例を示そう（図28、図29、図30）。

**図28　得るものと失うものを示し、特徴を際立たせる**

それぞれの案を横並びで評価するとこうなります

| | A案 | B案 | C案 |
|---|---|---|---|
| コスト | ○ | △ | ○ |
| 信頼性 | × | ○ | × |
| 効果 | × | ○ | △ |

これも悪くはない

A案だと、全ての契約がシステムで管理されるようになるので、後工程が圧倒的に楽になります。その分、最初に情報入力する営業担当者は手間になるでしょう。B案だと、営業担当者の手間は増えませんが、自由度が高すぎて運用の統制を取るのが大変です

現場にどんな変化がもたらされるのか、案ごとの違いを明らかにしている。これで「それぞれの案を選ぶと何が起こるのか」をイメージでき、選択しやすくなる

それぞれの案の差異はここと、ここですね。一言で言うと、A案を選ぶということは××が失われるということです。B案を選ぶのは○○円を出して、△△機能を買うということと言えそうです

それぞれの案の差異を確認したうえで、一言で言うと何が得られて、何が失われるのかを示している。こんなふうに一言で示すと、さらに選びやすい

A案は総花的で角がない分、誰もが受け入れやすく、反対意見はあまり出ないかもしれません。その分「当たり前のこと」と思われる可能性はあります。一方、B案はとがっていて波紋を呼びそうですが、うまくいけば大きな変化を起こせるかもしれません。今回はどっちに振りたいですか？

A案とB案で得られることと、リスクになることを整理している

**図29　互いの価値観の違いを示し、特徴を際立たせる**

Aさんの意見はどうでしょう？なるほど…。Bさんにもうかがってよろしいですか？…そうですか。お二人の意見、どちらが大事ですかね？

質問をして引き出すこと自体は、基本動作⑥と⑦で解説した通り。素晴らしいが、もう一息

Aさんの案は本質的には「利益」を大事にしている気がします。Bさんは長い目で見た「顧客満足度」を重視しています。どちらもあり得ます。こうなると、チームとして何を大事にするかが問題かもしれませんね

AさんとBさんがそれぞれ大事にしている価値観。つまり、「氷山の下」の部分をファシリテーターが言語化して対比させている

図30　特徴を際立たせて結論にたどり着きやすい質問を振る

A案は「月末に紙で出して一括チェックする」パターンですね。B案は「1件入力するごとに、システム上で上司に承認してもらう」やり方です

選択肢を示すのは定石だが、あと一歩

A案は「月末に紙で出して一括チェックする」、つまり「今と同等の管理レベルを踏襲する」案です。B案は「1件入力するごとに、システム上で上司に承認してもらう」、つまり「今よりも厳格に管理しようとする」案といえます。そうだとすると「今よりも管理を厳しくする必要性があるのか」がポイントになりそうです。今の管理レベルで問題が発生しているんですか？

A案とB案を抽象化して表現し、差異を明確にしている。その差に対し、答えを考えやすい問いかけをしている

## 【対策3：ほかの視点を示す】

　選ぶには選ぶに足る理由が必要であり、理由は多い方がいい。だから、ほかの視点からの見え方を示すのも有効だ。

　例えば「経営者からすると、A案はこう見えるでしょう」というように、第三者からの見え方を示すことで決断を後押しできることがある。だからといって、「こちらの案がいい」とまで言ってしまうのは、お勧めしない。あくまでも意思決定者に伝える補足情報であって、決断や判断の一助になればいい（図31）。

図31　ほかの視点からの見え方を伝える

経営から見ると、どうなんでしょうね？

ほかの視点を提示しているので、悪くはない

経営の課題意識にストレートに応えられるのはA案ですよね。B案は少し回りくどいですし、メッセージが読み取りづらいと思います

どう見えるのかまで具体的に踏み込んで提示しているので、こちらの方が議論の速度が上がる

現場から見ると、一番気になることに答えてくれているのはA案な気がしますけど

現場だったらうれしいのはA案ではないかという提示の仕方。「だからA案がいいですよね」までは言わないのがポイント

## 【対策4：ファシリテーターが『私はこう思う』と明示する】

　ファシリテーターも会議の参加者の1人であることに変わりはない。だから自分はどの案がいいと思っているのかを主張してしまう方法もある。第6章のファシリテーターの心構えでも説明したが、ファシリテーターは自らの主張を持っていなければならない。押し付けはよくないが、議論が進むのなら自分の意見を主張しても構わない。

　「A案、B案、C案のどれがいいか？」「A案はこうで、B案にはこんな特徴がある」と議論していると、どの案も決定打に欠けて、議論が停滞してしまう。そんなときは「現時点では、私はA案だと思う。なぜなら××を考えると一番バランスがいいからです」と主張する。A案だと言い切るにはまだ早いが、自分の意見を表明するのは問題ない。

　仮でもいいから、ファシリテーターがA案を推す立場を示すことで、横並びの議論だった流れが、A案を前提とした議論に変わる。「確かにそうかもしれないが、A案は××が不安だ」「A案のデメリットはこう考えると解消できるんじゃないのか」「私はA案がいいとは思わない」といった具合に議論が活性化し、論点も明確になることが多い。

　つまり、自分の案を押し通すための主張ではなく、自分の主張を示すことで、それをキッカケに議論を促進させるのである。議論が少し停滞してきたなと思ったら、ファシリテーターが率先して主張して議論を揺さぶってみるのもいい。

## 【対策5：場の雰囲気を代弁する】

　ここまで手を尽くしても、なかなか決まらないことがある。十分に議論をしてきて「ほぼ決まりじゃないか」と思えるのだけれど、ここからが長いという状況にある場合。放っておいてもいつかはまとまるのかもしれないが、時間はどんどん過ぎていく。そこでファシリテーターがそっと一押しすることで、グッと議論の時間が短くなる。ファシリテーターがまとめにかかるのだ。

　ただし、ファシリテーターが自分の意見を全面に出してまとめにいく

**図32　場の雰囲気を最後に代弁する**

どうしますか？もう少しな気がしますけど

まとめにかかっていない。ここからが時間がかかる

これはもう、A案という結論でいいですよね？

まとめにかかっているのは良いが、強引すぎる。せっかく全員で議論してきたのに、最後の決定をファシリテーターがしたように見られる

場の雰囲気からすると、A案という結論が出ているように思えるのですが、みなさんはどうですか？

「自分ではなく、場がそんな雰囲気になっている」と主張して、まとめていく。そして最後の意思決定はあくまでも参加者に問う

みなさんの意見を聞いていると、なんだかんだ言っても、結局A案を支持しているように聞こえるのですが、違いますか？

こんなバリエーションもある。これも最後は参加者に問いかけるのがポイント

と、押し付け感が出てしまう。あくまでも、ここまで議論してきた場の雰囲気を最後に代弁するという形でまとめるのが最適だ（図32）。

　ちょっとした言い回しの違いだが、ほんの少しの差が受け手にとっては大きな違いに感じられることがある。言葉を大事にして、受け手がどう感じるかを繊細に気遣い、心を配ることがファシリテーターには求められる。

## 【対策6：例外に逃して合意する】

　合意形成の手法を色々と示してきたが、みんなが100%合意することはそうそうない。基本的にはOKだが、未来に起こり得る色々な状況を考えると、不安が残って同意し切れないなんて場面はいくらでもある。将来のことは誰にも分からないのだから当然だ。

　「こんなときはどうするのか？あんな場面ではどうなるか？」と、イレギュラーなケースをあれこれ考え始めてしまう。

　考えれば考えるほど、色々なバリエーションを考慮しようとすればするほど、意思決定はできなくなってしまう。そんなときは基本路線と例外対

図33　例外に逃がして合意する（その1）

A案でいいですか？

例外を示していない

基本はA案。ただし、××になった場合は例外的に、B案を適用するでどうですか？

これが例外に逃がすということ。例外ケースを設定し、それ以外はA案を適応するという考え方

原則としてA案。ただし、現時点で想定していない××が発生したときは、そのつど改めて対応を考えるということでどうですか？

こんな言い回しもある

図34　例外に逃がして合意する（その2）

紙は全面的に撤廃していくことにしましょう

全面撤廃というと、抵抗を示す人が必ず出て来る

基本、紙は撤廃。ただし、現場で即時性が求められるケースは例外的に、紙を残してもよいことにしましょう

一部例外を認めて合意する。例外のケースを明確に定義しておくことがポイント

応の2段階で合意すると、案外スムーズに進むことが多い。うまく例外のケースを切り分けることが合意形成のコツだ。実例を示そう（図33、図34）。

　応用として「原則A案。でも××の懸念があるので、A案で仮決めにしておいて、懸念を払拭できるのか、もう少し検討することにしましょう」という伝え方もできる。会議の最中に、このようにスパッと提示するのは結構難しいが、実際の会議では条件付きの合意になることはとても多いように感じる。全会一致にはこだわらず、基本と例外の考え方を頭の隅に入れておいてほしい。

# 12.決まったことが後から蒸し返される

 **【例えばこんな状況で（その1）】**

　意思決定の場では何も発言しなかったのに、会議が終わってから「さっきの件だけどさあ…」と物言いを付けられることがある。ほかの人に遠慮して発言しなかったのか、それとも会議中には思い付かなかったのか。どちらにしても、決定事項を会議の後に覆そうとするのは勘弁してほしい。

 **【例えばこんな状況で（その2）】**

　ケリが付いたと思った話題に対し、数週間もたったころにはまるで何事もなかったかのように「そういえば、××についてはまだ、はっきりと決まっていなかったよね」「××については、やっぱり疑問なんだよね」と議論を蒸し返されることがある。

　この種のやり取りは本人が議論して決めたことをすっかり忘れているだけのこともあるので、タチが悪い。忘れているとすれば、もう一度結論に至った経緯をイチから説明しないといけなくなる。こんなムダは避けたいのだが…。

**【対策1：決まったこととやるべきことは、はっきり確認する】**

　対策の王道は基本動作①に立ち返ること。会議の終了時に、決まったこととやるべきことを確認する。これに尽きる。会議の終了時にさらりと確認して終わるのではなく、念押し気味に「××という結論でいいですね？ 異議があるなら、この場で言ってください。みなさん、大丈夫ですか？」とダメ押しするとさらに効果的だ。

**【対策2：意思決定のタイミングで口を開かせる】**

　意思決定のタイミングで「Aさん、どうですか？」「××という決定に

なりそうですが、何かコメントはありませんか？」「Aさんは今日、何も
しゃべっていませんが、この決定で問題ないですか？」と水を向ける。こ
れだけで、ある程度は蒸し返しを防げる。

　会議の場で発言せずに、後からちゃぶ台返しをする人は「モヤモヤした
何かがあるのだが、その場では言語化できない」「あえて言うほどではな
いので、もう少し考えをまとめてからにしよう」「何か引っかかるが、今
はいいか」という状況にあることが多い。

　本人はそれでいいのかもしれないが、会議の場では何も発言せずに後か
ら蒸し返されると、みんなが困る。そこで、何か言いたそうな顔をしてい
る人や、何も発言していない人がいたら、半ば強制的に口を開かせること
で、少なくとも今の本人の状況を顕在化させやすくなる。そうすると「ま
だ考えがまとまらないのですが…」と前置きしながらも、考えていること
を話してくれる。会議の後に蒸し返されるより、こちらの方がはるかに対
応しやすい。

　とにかく、意思決定の場で全くしゃべっていない参加者がいたら、要注
意と考えよう。そういう人ほど後から何を言い出すか分からず、リスクに
なりかねない。

## 【対策3：決定事項と検討の経緯を資料に残す】

　人は忘れる生き物だ。だから同じ議論を何度も繰り返す。その習性を見
越して、これまでの議論の経緯と意思決定のプロセスや根拠を資料に残し
ておくことをお勧めする。結論だけ書き残してある資料をよく見かける
が、大事なのは「その結論に至った経緯や理由」である。

　ここまでどんな議論をしてきて、なぜその結論に至ったのか。後から見
直しても分かるようにしておく。発言や経緯が紙で残っていると、「ここ
にこう書いてありますよ。先日どんな議論をしたか、思い出しましたか？」
と言えるので、後から蒸し返そうとする人への説明が圧倒的に楽になる。

　会議に参加していなかった人も結論だけではなく、「どうしてその結論
に至ったのか？」が知りたいものだ。「結論だけ分かれば、それでいい」

と思うのは多くの場合、身勝手な幻想に過ぎない。

結論に至った経緯を知っていれば納得できるものも、知らないと不安になって何か言いたくなる。「こんな検討はしたのか？」「こっちの結論にならなかったのはなぜだ？」など。だから、なぜその結論に至ったのかも併せて書いておくと、無用な横槍が入っても対処できる。

万が一、もう一度検討し直すことになったとしても、議論の経緯が残っていれば、「前回議論したときから何の前提が変わったのか」「どこから検討し直すのか」を確認できる。

前回までの会議を決してムダにはせず、生かすことを心がける。極力、議論の経緯は残すようにしたい。

## 【対策4：会議の冒頭で前回までを振り返る】

会議の始まりで「前回の会議で決まったこと」を振り返る習慣を付けよう。時間にして1〜2分もあれば十分だ。テレビドラマではおなじみの「前回までのあらすじ」の場面と同じだ。

「先日の会議ではこんな議論になり、これとこれが決まりました。みなさん、思い出しましたか？やるべきことは××でしたが、担当のAさんはやってくれていますか？」と振り返る。これで前回の議論を忘れていることによる蒸し返しは防げるし、実は納得できていなかったといったケースや、後からじっくり考えてみたらこんな案も思い付いたといった、新たな意見も拾いやすくなる。

蒸し返されることがないに越したことはないが、より良い意見なら早いタイミングで蒸し返してくれた方が逆にありがたい。ただしその場合も、会議の場で発言してもらわないとダメだ。だから会議の冒頭で、前回までの議論を全員で振り返る。

するとうれしい副次効果が付いてくる。その日の議論にスムーズに入れるのだ。前回と今日の会議の間が空いたときには特に有効で、最初に振り返っておくと議論の生産性は確実にアップする。人はすぐに忘れるし、自分の都合のいいように過去を上書きして記憶してしまうのだ。

# 13.時間通りに始まらない

 **【例えばこんな状況で】**

　参加者が時間通りに会議室に集まらない。前の会議や仕事が延びていたり、前の会議室から次の会議室への移動時間が考慮されていなかったりする。

　開始が遅れれば、時間通りに終わらないのも当然だ。会議の中身はファシリテーションを学んで少しずつ良くなってきていても、肝心の参加者が時間通りに集まらないようでは話にならない。この状況を変えていくにはどうしたらよいか。

## 【対策1：会議は「×時10分開始」にする】

　もはやファシリテーション以前の問題だが、時間通りに人を全員集めるのは難しいものだ。誰でも会議に遅刻したことはあるだろう。人が集まらないと会議を始められない。

　そこでスパッと人を集める少し変わった方法を紹介しよう。通常、会議の時間は「13時〜15時」「15時〜17時」のように、××時ちょうどから1時間、1時間半、2時間という形で設定される。そのうえで会社によっては、次の会議を考慮して「10分前には終わる」というルールが作られていたりする。

　つまり、終わりの時間を少し前倒しにすることで、次の会議への遅刻を減らそうと工夫している。ところがこの方法はなかなかうまく機能しない。なぜなら、「締め切り効果」が悪い方に作用してしまうからだ。

　人は締め切りが決まると、その時間までに何とか終わらせようという意識が働くと、基本動作③で解説した。この効果は、切りのいい時間に設定されると最大化する。「14時50分まで」よりも「15時まで」の方が締め切り効果が強く作用する傾向にある。良くも悪くも「15時までには切りよく終わらせよう！」と思えてくるのだ。そして、結局15時ギリギリまで会議をすることになる。

また開始時間にも締め切り効果が作用する。13時ちょうどになってようやく、「13時だ。会議に行かないと！」という思考になりがちである。13時を過ぎてから会議室に移動しても遅いのだが、人の心理としては13時ちょうどという切りの良さに引きづられているのである。

　そこで、終了時間を前倒しにするのではなく、開始時間を後ろ倒しにして、会議時間を設定することを試してほしい。「13時10分〜15時」「15時10分〜17時」といった時間設定にする。

　終了時間は15時など区切りが良い時間のままにしておく。これは締め切り効果を最大限に引き出すためであり、変えない。とはいえ、次の会議が15時からに設定されていては遅刻してしまう。だから10分だけ開始時間を後ろにずらす。

　「15時までに会議を終わらせよう！」という終了の締め切り効果と、「15時になったから、そろそろ次に移動しないと」という開始時間の締め切り効果をうまく狙った方法だ。これで締め切り効果を生かしつつ、連続する会議の移動時間も確保できるというわけ。ちょっとした工夫だが、経験的にこれで相当の遅刻者を減らせる。だまされたと思ってトライしてほしい。

## 【対策2：遅刻したらペナルティーを科す】

　「会議に3回遅刻したら、お菓子を買ってくる」「恥ずかしい話を1つ披露する」。そんなちょっとしたペナルティーを設けることもある。笑い話のようだが、これも会議のグラウンドルールに入れておくと、適用しやすい。決して悪ふざけでやっているわけではない。とにかく遅刻を減らしたいのだ。

　厳密に罰を科すのではなく、半分お遊び感覚でいい。「××さん、遅刻3回目ですね。次の会議にはお菓子をお願いします（笑）」という、くだけた雰囲気だ。これだけでも本人には「自分は遅刻した」という意識が生まれる。「罰があるから、遅刻はやめよう」ということではなく、「自分はしょっちゅう遅刻しているなあ」という自覚を持ってもらうのである。

# 14.大人数の定例会が難しい

 【例えばこんな状況で】

　参加者の人数が決められている、労働組合の定例会議。本当はもっと少ない人数でやりたいのだが、決められていることなので仕方ない。専任者4人に、現場兼務者が21人、合計25人での会議だ。会社からの提案事項に対して組合の回答をまとめたり、組合からの提案事項をまとめて会社に提言するなど、情報を共有するだけではなく議論して決議を取ることになる。

　専任者と現場兼務者には情報格差があり、また会議に割ける時間も違ってくる。そのうえ、25人という大人数での議論。何人かは当日欠席するかもしれないし、拠点が離れていると電話会議を取り入れざるを得ないなど、難しさは倍増する。正直言って、効率的な会議ができる気がしない。

## 【対策1：大人数では議論できないと心得る】

　30人ほどの会議をファシリテーションする場合、プロのファシリテーターでも相当な準備が必要になる。事前に情報格差をなくしたり、宿題を出して考えを深めてもらったりしたうえで、当日の議論運営を綿密に計画しておく。それでも30人規模の会議をファシリテーションできるのは、ごく限られた能力の高いファシリテーターだけである。

　つまり、先ほどのような25人の労働組合の会議をファシリテーションするのは事実上、無理だと思った方がいい。

　どれだけうまくやったと思っても、25人のなかで発言しているのは5人だけなんてことはよくある。そう考えると、5人で会議をしているのと何も変わらない。だから大人数での会議は極力避ける。

## 【対策2：大人数で議論せず、判断だけにとどめる】

　しかし、参加者の人数が決められているケースもある。その場合は準備と判断の2段階に分けるのがセオリーだ。議論を伴う大人数の会議なら、

事前と事後の準備と判断の2つのセッションに分けて、会議を組み立てる。例えば、次のように。

### ①事前準備セッション（専任者4人での議論）

まず専任者だけで議論し、議題に対して質の高い「仮案」を作る。

### ②判断セッション（25人での定例会）

25人が集まる定例会は、仮案に対して承認を得る場にする。その場で議論をして案を作ることは避ける。どうせ25人もいると、まともな議論はできない。この場では専任者4人で検討した結果を25人で共有し、とにかく承認を得ることに注力する。その際には注意点がある。

---

**[判断セッションで伝えるべきポイント]**

- 仮案で大事にしたところはどこか？
- どうしてその案になったのか？
- その案のメリットとデメリットは何か？
- 代案にはどんなものがあり、なぜそちらは採用されなかったのか？

---

　これらも同時に伝える。そのうえで承認が得られればOK。何らかの理由で承認できない人がいるなら、「どうすれば承認できるようになるのか」「どんな情報がそろえば承認できるのか」「どんな観点の検討が不足しているのか」を確認する。これは「よくある困り事10.意思決定に時間がかかる」で解説したのと同じだ。25人での議論はここまでにして、会議をお開きにする。

### ③事後準備セッション（専任者4人＋ $\alpha$ での議論）

　指摘を受けたら、専任者4人は別途、会議の場を設ける。必要な調査や検討を追加して、再度仮案をまとめる。このときは必要に応じて、異を唱

えた人だけ会議に呼んだり、有識者を巻き込んだりしながら、第2の仮案を固めると精度がさらに上がる。

④判断セッション（25人での定例会）
　もう一度、仮案を確認して承認を得る。

　こんな流れで、深い議論をするのは少人数に絞り、有力な仮案を持って大人数の議論に臨むと、スムーズにいくことが多い。ポイントは大人数の定例会のときに、なぜその仮案に至ったのか、ほかにどんな案があったのか、どんな情報を基に検討したのかをきっちり伝えることだ。結論を詳細に話すよりも、この仮案に至ったプロセスを説明する方に時間をかける。だから資料の書き方にも工夫が要る。

> ［判断セッションの王道の資料構成］
>
> （A）まずは結論（仮案）
> （B）結論に至った経緯
> （C）結論以外の選択肢とそれを外した理由
> （D）意思決定に使った情報

　これらを整理して載せておく。後から見て、なぜその結論に至ったのかが理解できるようにしておくことが重要だ。こうしておけば、欠席した人にも情報が正しく伝わる。特に（B）〜（D）を充実させて分かりやすくしておくこと。
　最初に結論を言えと教え込まれた人は多いだろうが、そのせいなのか、多くの資料には結論は書かれていても、（B）〜（D）はほとんど記載されていないことが多い。すると毎回、経緯の説明が必要になる。結論に至った経緯が曖昧だと、後から蒸し返される確率も高まる。

# 15.プロジェクトの進捗報告会が難しい

 【例えばこんな状況で】

　プロジェクトの進捗確認の報告会には、関係者が毎回集まる。6つの
チームがあり、合計20人程度の会議になる。プロジェクトの進捗を確認
するのが目的なのだが、とにかく時間がかかる。事前に資料を作って共有
するなど工夫をしていても、なかなか時間は短くならないし、密度の濃い
時間を過ごしている感じもしない。

　いつもの進め方は次のような感じだ。各チームが今週やったこと、進捗
状況などをまとめた資料を作ってくる。これをチームごとに発表してい
く。それを聞いて、プロジェクトマネジャーなどが矢継ぎ早に質問してく
る。「遅れはどうやって取り戻すの？」「なぜ遅れているの？」「ちゃんと
管理できているの？」「遅れたままだったら、どうするの？」。もはやダメ
出しに近い。質問が終わると「じゃあ、3日後にまた状況を報告して」と
なる。

　その間、ほかのチームは内職しながら、何となく話を聞いているだけ。
自分には関係あるような、ないような感じで正直暇だ。

　各チームの報告だけで10分かかり、6チームあったら発表だけで1時間。
そこから議論になると、あっという間に2時間コースになる。しかも発表
は資料を読み上げるだけ。聞いていて退屈。にもかかわらず、各チームは
この日のために、かなりの時間をかけて資料を準備してきている。とても
効率的とは思えない。もう少し何とかならないものか…。

## 【対策1：報告会の終了条件をはっきりさせる】

　進捗確認の報告会は、ボケっとしていても結構成り立ってしまうからダ
メさを自覚しにくい。しかしスパッと効果的な定例会をしているプロジェ
クトはほとんど見かけない。それほど定例会は難易度が高いのだ。

　ダメな定例会は目的を履き違えていることが多い。多くの人が「定例会

は進捗を報告すること」と思い込んでいるのだ。だが「すること」は目的にはならないと、先に説明済みだ。

　せっかく資料を作ってきているのに、その資料を永遠と読み上げる。読めば分かるのに、進捗を「報告する」場だから、リーダーの口から報告させようとする。そして報告内容が「今週やったこと」にフォーカスされている。進捗報告だから、当然やったことを報告する。でもそんな話を聞いても議論することなど何もない。

　報告を受けるプロジェクトマネジャー自身も、各チームの進捗状況を把握することが目的だと思っている。だから「遅れをどう取り戻すのか？」「なぜ遅れているのか？」「管理ができているのか？」「遅れたままだったらどうするのか？」という質問しか出てこない。そんなことを根掘り葉掘り聞いても、遅れて困っているチームには何の解決にもならない。

　困っているから報告しているんでしょと、みんな思っているはずなのに、報告することが目的になってしまって状況把握が優先されると、先ほどのような質問攻めに遭う。

　これらの問題は全て、「進捗報告会は何をする場なのか」という認識が共有されていないことにある。「定例会は進捗を報告する場」という誤った目的設定が原因なのだ。これはメンバーの問題ではない。なぜなら会社で定例会をするのに「何の目的でするのか」を事前に説明してもらえている人など、まずいないからだ。

　ここでの打開策で効いてくるのが基本動作②だ。そもそも定例会をすることで、どんな「状態」を作り出したいのか。これが目的になるはずだ。

　色々な定義があってよいが、例えば当社では解決すべきことを見つけ、外部からのテコ入れが必要かどうかを見極めた状態を作ることが定例会の目的だと考えている。

　進捗を確認するのも、課題を確認するのも、全ては「解決すべきことは何か？」「問題解決を各チームに任せておいて大丈夫か？」「チームメンバー以外の人が介入する必要はないのか？」を見極めるため。もし介入が必要なら、定例会の場ではなく、問題があるチームに個別に入り込んで問

題解決に当たる必要があるだろう。定例会にはほかのチームもいて、しかもリーダークラスしか参加していないのが普通だから、個別の問題解決を議論する場としてはふさわしくない。

**【対策2：報告会の終了条件に集中する】**

　上記のような終了条件を設定するなら、それ以外のことは極力やらないようにする。

　解決したい問題を探したいので、今週やったことの報告は極端にいえばどうでもいい。「チームの状況はどうか」「予定通りに進んでいないことは何か」「解決すべき課題は何か」にフォーカスして確認すべきだろう。

　同様に、進捗状況を書いた資料を読み上げても意味がない。サッと目を通し、解決すべきポイントに絞って議論する。

　チームに問題解決を任せておいても大丈夫かを見極めたいので、「どうするつもりだ？」と問い正してもダメ。「手伝わなくて大丈夫か？」「解決の勝算はあるのか？」「根深い問題な気がするけれど、あの人を巻き込まなくてもいいのか？」といった質問やアドバイスが活発に飛び交うのが正しい定例会の姿だ。

　定例会では問題解決をチームに任せておいて大丈夫かを見極められればよい。その場で「どう解決するか」を議論する必要はないし、その場ではしない方がいい。こうすると定例会はコンパクトで、かつ意味のある場になる。チームの自律性も維持できる。


# 16. 電話会議が難しい

 **【例えばこんな状況で】**

　最近は働き方の多様化やフリーアドレス、グローバル化に伴って、テレビ会議やチャット会議など、オンライン会議が増えてきた。会議の選択肢が増えるのはいいことだし、その場にいなくても打ち合わせができるのは

効率的でもある。

しかし、対面での会議ほどスムーズにはいかない。何がオンライン会議を難しくしているのかは分からないが、どうもうまくいかない。顔が見えないからなのか。うまくやれるコツがあれば、知りたいのだが…。

## 【電話会議の状況と3つの難しさ】

対策を紹介する前に、電話会議独特の難しさを理解しておきたい。そうすれば自然に、必要な対策が見えてくる。

電話会議とは文字通り電話、つまり音声だけで会議をする方法だ。複数の拠点を音声でつないで議論する。グローバル企業では当たり前のように利用されている。

通常の対面での会議と電話会議の決定的な違いは、相手の顔が見えないことだ。これが厳しい制約になる。具体的にどんなことが問題になるのか、あらかじめ知っておこう。

1つめの問題は、表情や仕草を観察できないということだ。電話会議では相手の顔が見えない。顔が見えないと、あの人は「意見がありそうだ」「質問したそうだ」「つまらなそうだ」「気に入らなそうだ」といった人が放つ雰囲気をとらえることができない。

基本動作⑥と⑦で解説したが、人のコミュニケーションは非言語な要素（仕草や表情、視線、姿勢など）が約半分を占めている。つまり、電話会議ではコミュニケーションの5割が削がれてしまう状態になる。だから難しい。雰囲気が分かると的確に発言を促したり、話を振ったりできるが、電話会議ではそれができない。

2つめの問題は、誰が話しているのか分からないということ。電話会議は声しか聞こえないので「誰が発言しているのか、よく分からない」という問題も出てくる。

基本動作⑦で触れたが、意見の下には隠れて見えない「価値観や経験」がある。合意形成の氷山モデルを思い出してほしい。

だから「A案には反対。B案を推したい」という意見でも、営業のエー

スであるXさんが言ったのと、財務部長のYさんが言ったのとでは、場に与える影響が変わり、次に議論すべきことも変わってくる。

対面の会議では発言者が誰か分かるので、発言者の氷山の下（価値観や経験）を汲み取って、発言の背後にあるものを無意識に補えるし、推し量れる。

例えば、会議の議事録を見返す際に、発言者が誰かが記載されていないと、誰の発言なのか気になるはず。発言者が分からないと、何だか味気ない議事録にも見える。それは発言の背景にあるものを想像できないことが原因である。

3つめの問題は、議論を可視化できないこと。スクライブができないから、目隠し将棋の状態に戻ってしまう。この問題がどれだけ深刻かは、基本動作④で解説した通りだ。結果として「今、何を議論しているのか」「結論は何か」「決まったことは何か」の認識合わせが難しくなる。

このように、電話会議は多くの制約がある状態での議論になると、まず理解してほしい。対面の会議でもファシリテーションは難しいのだから、制約が多い電話会議はもっと難しい。やり取りできる情報が音声しかないため、会議の難易度は極めて高くなる。それを踏まえたうえで5つの対策を紹介する。

## 【対策1：発言前に必ず名乗る】

最も簡単で効果が大きいのは、発言する前に名乗ることだ。「田中です。A案について質問があるのですが」「佐藤です。確かにそうだと思います」といった感じだ。これだけでも不思議と電話の向こうの雰囲気が伝わってくる。発言者を特定できるため、発言者の「氷山の下」を想像できるようにもなる。

発言する側にも利点がある。名乗ることで一瞬の間ができ、その間に多少、発言を整理できる。その後に続く発言が端的でクリアになる傾向がある。地味ではあるが経験上、名乗るのは確実に効果がある。

## 【対策2：はっきりと大きな声で話す】

　電話会議では相手の方で何が起こっているのかが全然見えない。だから小さな話し声が聞こえたときには無視してもよいのか、拾った方がよいのか迷ってしまう。電話会議で議論するときは、いつもの3倍くらい大きな声で滑舌よく話すように心がけたい。「小さな声」「こそこそ話」「独り言」は禁止だ。

　同じ会議室にいるなら聞こえる声の大きさでも、電話の向こうでは聞こえない。一定以上の音量が発生しないと、マイクがオフになる電話会議システムもあるくらいだ。はっきりと大声で、電話の向こう側に話かけるようにしなければならない。

　とにかく、いつもの調子で会議ができるとは思わない方がいい。にもかかわらず、普段通りのトーンで話す人が非常に多い。電話会議は「普段の3倍、声を張る」と肝に銘じておきたい。

## 【対策3：決まったことは必ず確認する】

　対面の会議とは違い、議論の可視化（スクライブ）ができない分、認識がズレやすくなる。だから、決まったこととやるべきことの確認は対面での会議以上に重要になる。ここが電話会議の生命線と言ってもいいくらいだ。

　対面会議よりも丁寧に「決まったことを確認します。（1）A案を第一候補にして検討を進める。（2）意思決定に向けた情報収集は××さんにお願いします。期限は△△です」といった感じで、一つひとつ確認していって、ちょうどいい。できれば電話会議の後で全員に、決まったことを記述したメールを送るとなお良い。

## 【対策4：コミュニケーションの大原則を徹底する】

　電話会議ではコミュニケーションの非言語要素が使えないので、発言者の意図は言葉から判断するしかない。言葉に全てかかっている。そのため、はっきりと誤解なく話す必要がある。あやふやな表現は許されない。発言をはっきりさせるのに効果的なのは「よくある困り事7.会話がまど

ろっこしく、スムーズに進まない」で紹介した方法である。

---[コミュニケーションの大原則]---

・最後まで言い切らせる

・何をしようとしているのかを宣言する

・質問にはストレートに一言で答える

---

　この3つを押さえるだけで、途端に発言がクリアになる。少しでも不明確な発言があると、すぐにぐちゃぐちゃした議論になってしまうから、全員でこの3原則を守る。少しでも曖昧な発言があったら、理解できるまでしつこく問い直す。

　「言いたいことは何なのか？」「もう1回、端的に言ってもらえる？」「質問にストレートに答えると、どうなるの？」という感じで、電話会議ではビシビシとツッコミを入れて構わない。

いつもの3倍、はっきりとストレートに話す

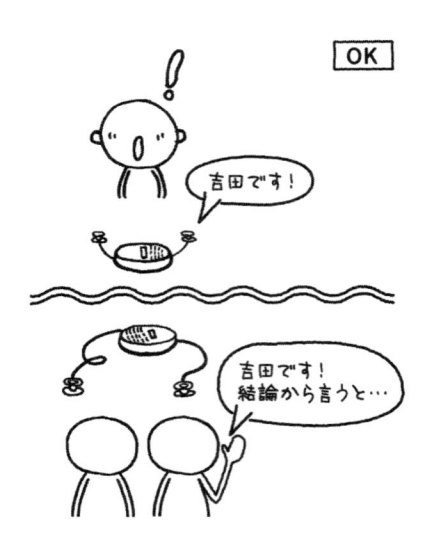

194

というかこのくらいどんどんツッコミを入れないと、スムーズにコミュニケーションできない。話し手もいつもの3倍、はっきりとストレートに話す。電話会議では不明瞭な発言を徹底的に糾弾することで、ようやくまともな会議ができるようになる。

## 【対策5：電話会議で済ませられる状態まで事前にさばいておく】

何でもかんでも電話会議で議論できると思ったら大間違いだ。非言語コミュニケーションが根こそぎ奪われた状態を甘く見てはいけない。電話会議だと難しい議論は事前にさばいておくと、スムーズに話し合えるようになる。

電話会議では難しい議論とは、空気感や温度感を確かめながらする議論のことだ。つまり、非言語コミュニケーションの要素に頼る議論や相手の発言に乗って自由に議論を発展させていくような議論。話があっちこっちに飛ぶような議論である。これらは電話会議以外の場でさばいておくのが理想だ。

例えば、空気感の確認が必要な「新制度の導入説明会」をするなら、最初の説明だけは相手の拠点に出向いてでも対面で行い、その後の質疑応答や詳細な議論は電話会議するとか。

話が飛びがちな「施策のアイデアを出す」という議論なら、施策案出しを電話会議越しにやるのはかなりつらいので、事前に宿題を出して「各自が考える案」を集めておく。電話会議の前に集めた案を一覧にまとめた資料を配り、「なぜこのアイデアを出したのか」「ほかにアイデアはないか」だけを議論するなど工夫してもらいたい。

## 【対策6：事前に相手と関係を作っておく】

オブラートに包まず、ストレートに発言することを心がける。不明瞭な発言には容赦なくツッコミを入れることが必要だと述べた。これを実行するには、あらかじめ人間関係を作っておかないといけない。

初対面の人に遠慮なくストレートに発言するのは、やはり度胸がいる。だから一度は事前に顔を合わせて対面の会議をしておくべきだ。相手の人

柄を知り、気兼ねなく発言できる関係を作っておこう。

　そして電話会議では顔が見えない分、遠慮なくストレートに発言しないと伝わらないので、「お互いにそうしましょう」と話を付けておく。この根回しは組織に所属する者として、とても大切だ。

# 17.テレビ会議が難しい

　電話会議について説明したが、最近はカメラを使って会議室や相手の顔を映しながら会議をする、いわゆるテレビ会議が一般的になった。世界中に拠点がある会社にはほとんど導入されている。会議室に大型モニターが据えつけられていて、拠点と拠点をつなぐ仕組みだ。まるでその場にいるかのように会議ができるのが、テレビ会議のメリットである。

　相手側の映像が見える分、電話会議よりも会議の難易度は下がる。それでも対面の会議のようにはいかない。モニター越しだと細かい雰囲気や空気感はとらえづらいし、議論を可視化して同じものを見られるようにするにはシステム投資や工夫が要る。

　対策は電話会議のものがそのまま適用できる。そのうえでテレビ会議独特の注意点に触れておく。

## 【対策1：モニターには会議室全体を映す】
　電話会議と違うのはカメラを使えることだ。では、カメラには何を映せばよいのか。

（A）発表中の「資料」をアップで映す
（B）「発言者」をアップで映す
（C）「ファシリテーター」を映す
（D）「会議室全体」を引きで映す

　これくらいの選択肢がある。基本的には（D）の「会議室全体を引きで

モニターには会議室全体を引きで映す

映す」のが原則だ。プロジェクターや資料をアップで映しているテレビ会議をよく見かけるが、それよりも参加者の雰囲気をつかむことの方が重要だ。非言語コミュニケーションの要素を取り戻すため、発言していない人の雰囲気も画面を通してつかむ必要がある。

　テレビモニターは会議室全体の雰囲気と、資料のどこを説明しているのかがつかめればOK。あとは手元のパソコンで資料の中身を見る感じで、2つの媒体を使い分ける。

## 【対策2：名指しで意見を求める】

　基本動作⑥で紹介したが、テレビ会議では名指しが特に効果的だ。モニターの向こう側に「誰か意見はありませんか？」と投げかけても積極的にコメントが返ってくることは少ない。でも名指しされたら意見せざるを得ないので、リズムが良くなる。

## 【対策3：大げさにリアクションしてもらう】

　テレビ会議では音声以外のコミュニケーション領域が使える。この利点

を目一杯、生かしたい。せっかくモニターを通して向こう側の様子が見えているのに、全くリアクションがない会議が多い。普段の対面会議ならそれでも雰囲気はつかめるかもしれないが、画面越しのノーリアクションはかなりつらい。

コツは、テレビ会議の向こう側からの問いかけに対し、受けて側は普段よりも少し大げさにリアクションをしてもらうことだ。大きくうなずくとか、首をかしげるとか、手で丸を作るとか。

「今のところは理解できました？」。画面の向こうにいるメンバーが「うん、うん」と大きくうなずく。手で大きく丸を作って了解のサインを送る。要は画面の向こう側にいる人には、いつもより大きめに反応をしてもらうと、格段にスムーズなコミュニケーションができるようになる。

難しいことはない。これは人の意識の問題だ。「大きめなリアクションをお願いします！」と最初に声をかけるだけでも全然違う。

## 18.オンライン会議が難しい

個人のパソコンのカメラを使った会議（SkypeやGoogle＋などを使った会議）をオンライン会議と呼ぶ。テレビ会議のような大型な設備は必要なく、ノートパソコンとネットワークと小型カメラがあれば、オンライン会議はできる。場所もネットがつながればOKだ。

オンライン会議とテレビ会議の違いは、パソコン1台1台にカメラが付いているので、相手の顔がアップで見えること。これはコミュニケーションの非言語要素を補ってくれる。それでも議論の可視化は難しいので一工夫するとよい。

**【対策：オンラインのチャット機能を併用する】**
基本的な注意点はテレビ会議と変わらないのだが、プラスでチャット機能を活用することをお勧めする。基本動作④で解説した議論の可視化（スクライブ）をチャットで代替する。

　音声で議論する傍ら、議事録を取るようにリアルタイムで発言をチャットに書き込んでいく。誰か1人が議事録係になるのがいい。議論の流れをチャットのタイムラインで追えるので、聞き逃しても、多少声が聞き取りづらくても問題なくなる。音声に頼らず、チャットで議論した方が文字が残り、誤解なくスムーズに議論できることもあるくらいだ。

## 第7章の まとめ　よくある困り事への王道の対策を知る

　18の困り事をベースに対策を解説してきた。ここで示したものは1つの例に過ぎず、「これだけやれば万事うまくいく」というものではない。それほど会議の状況は千差万別で対応が難しいのだ。しかし、王道を知っておいて損はない。まずはここで示した対策を試してみよう。

　自社で効きそうな対策を見定め、自分なりにアレンジして使いやすい形にしていこう。本書の対策に固執する必要はない。会議は毎回、状況が変化する。だから対策も状況に合わせて変えていく力が必要だ。

　第7章で解説した対策の多くは、8つの基本動作を応用したに過ぎない。原理・原則である8つの基本動作がしっかり身に付いていれば、会議の状況に合わせて応用するのは決して難しくないはずだ。

## コラム 会議の適正人数は？ 限界は25人

　会議の適正人数についての質問は本当に多い。絶対的な正解があるわけではないが、目安はある。

　本気で詳細まで踏み込んで議論をして、結論を導く会議なら2〜6人程度。ブレーンストーミングや状況確認の会議、ざっくりとした方向づけをする会議なら15人まで。議論は最小限で、固まった案を承認や確認するだけの会議なら25人まで。

　このくらいの人数が会議の限界と考えてもらいたい。25人以上になると、よほど工夫して会議に臨まない限り、一部の人しか議論に参加しない状態になってしまう。ちなみに情報共有のための会議なら人数は問わないが、それならそもそも会議を開く必要がないのかもしれない。情報共有手段は今ならいくらでもある。なお、オンライン会議なら、どれも上記の半分程度の人数まで絞るのが得策だろう。

# 議論を促進する
# 簡単な3つの「図解と構造化」

この章では議論を促進する「図解と構造化のテクニック」を解説したい。会議ファシリテーションの本なのに、図解の話がここまでほとんど出てこなかったことに違和感があった読者もいたかもしれない。あえて後半に回したのは、図解は主役ではなく、あくまで基本動作をサポートする脇役だからだ。図解だけで学んでも実践ではあまり役立たない。

例えば、SWOT（強みや弱みの分析）や事業戦略の3C（顧客、自社、競合）、マーケティングの4P（製品、価格、場所、販促）など、世の中にある無数のフレームワークは図解の代表例だ。しかし、フレームワークをどれだけ覚えても、ほとんど意味がない。有名なフレームワークは限定的なシーンでは有効だが、日常の会議で扱う様々なテーマにはほとんど使えない。

「営業担当者向けの新商品説明会をどんな場にしようか？」「新入社員のOJTの配属先をどこにするか？」といった議論に、どんなフレームワークを当てはめたら議論がスムーズに進むのか判断できるだろうか。100個のフレームワークを知っていても、日常の会議ではほとんど使いものにならない。会議のテーマも取り巻く状況も無数にあり、定型のフレームワークで議論をドライブできるシーンは限られている。

では、日常の会議を促進するには、どんな図解や構造化が有効なのだろうか。何を意識しておけば、効果的な図解ができるのか。実は**3つの構造化ツール**だけ覚えておけば十分だ。しかも簡単なものばかり。無意識のうちに実践している人もいると思う。

## 構造化ツール1：箇条書き＋番号

最も単純な図解と構造化は「並べること」である。図35の左のように構造化されていない情報（羅列されただけの文）を右のように箇条書きにして並べ、番号を振るだけで、だいぶスッキリする。これが構造化の基本である。会議において、並べる効果をばかにしてはいけない。

実際、当社のコンサルタントが会議で使う構造化と図解の7割が「箇条書き＋番号」だ。これをうまく使えれば、応用範囲は無限に広がる。どん

図35 箇条書きで構造化する

 **構造化されていない情報**

Aさんの交通事故原因

Aさんの交通事故の原因を考察した。Aさんは当時寝不足だったため、注意が散漫だった。そのため道路状況の把握が遅れた。さらに雨で視界が悪かったこともあり、道路に空いていた穴の発見が遅れた。これらは間接的な原因であり、その結果、穴にタイヤがはまり、操縦不能に陥って事故につながった。これが直接的な原因である

**単なる情報の羅列**

 **構造化された情報**

Aさんの交通事故原因

● 直接的な原因
　1）道路の穴にタイヤがはまり、操縦不能に陥った

● 間接的な原因
　1）寝不足で注意散漫
　2）雨で視界不良
　3）穴の発見の遅れ

**箇条書きにするだけでスッキリする**

なシーンでも役立つ武器になる。

　それでは何を箇条書きすればよいか。1つの答えは「選択肢」を箇条書きにすることだ。「よくある困り事11.意思決定に時間がかかる（現場合意編）」で解説した通り、選択肢が洗い出されていれば、意思決定しやすくなる。例えば、

・誰がどの案を支持しているか？
・A案とB案の違いは何か？
・ほかに選択肢はないか？
・なぜその案を支持しているのか？
・今、有力なのはどの案か？

といった情報があると議論が相当しやすくなる。少し例を見てみよう。以下は、実際のプロジェクトで本当にあった議論である。

 **実際の例**

　ある業務改革プロジェクトで現状調査を進めていたときのこと。会議の論点は「現場ヒアリングをするかしないか、するならどうやってするか」だった。そのときの会話だ。

**Aさん**「今回のプロジェクトは現場で働く社員のための改革なのだから、現場の意見を吸い上げないとダメだと思うんだ」
**Bさん**「しないよりはした方がいいに決まっているけれど、アンケートで調査するの?」
**Cさん**「オレは以前、現場にいたから分かるけど、何に使われるのかよく分からないアンケートがしょっちゅう本社から回ってきて、みんなうんざりしているんだよ。だから結構いい加減に答えているんだ」
**Aさん**「アンケートもいいけれど、本音はなかなか吸い上げられないでしょ。やっぱり相手の顔を見て、直接ヒアリングした方がよくないか?」
**Dさん**「現場に直接行くのは移動が大変だから、Cさんみたいに本社にいる現場出身のスタッフから話を聞く方法もあるよね?」
**Aさん**「確かに、そうだな」

　4人の会話のなかに、いくつかの選択肢が挙がってきた。あなたは選択肢を箇条書きできるだろうか。頭の中で少し考えてから（できれば実際に書き出してみてから）、続きを読んでほしい。

**ファシリテーター**「色々と意見が出ました。ちょっと整理したいのですが、選択肢はこんな感じですか?」

**Bさん**「2は現場の全員に聞くの？それは無理でしょ」
**Cさん**「そうだろうね。いくつかの拠点に絞って、そこだけに聞きに行く感じかな？」
**ファシリテーター**「なるほど、では2-1と、2-2に分けておきますね」
**Dさん**「1は意味がないかも。今回は現場感のある切実な話を聞きたいわけだし」
**Aさん**「確かにそうだね。そうすると2-2か、3が有力かな。さすがに4はナシだね」

　どうだろうか。会話に出てきた選択肢を並べただけだが、議論のかみ合わせが良くなったのが分かるだろう。「4はないよね」など、番号で議論できるようになるのもいいところだ。
　選択肢を並べるだけ。この方法はあらゆる場面で使える。例えば「営業

担当者向けの新商品説明会をどんな場にしようか？」という議論でも、取り得る選択肢を並べて書けばよい。

（A）粛々と新商品の説明に時間を費やす場にする
（B）体験型の説明会にし、実感してもらって理解を促す
（C）開発秘話を伝えて、商品に対する開発者の思いを理解してもらう
（D）営業のロールプレーイングを取り入れる

　このように、議論のなかで挙がった選択肢を書き出せば、立派な図解と構造化になる。これだけで議論が前に進むようになる。図解と構造化は格好いいからやるのではない。議論がスムーズに進むように、参加者がスッと理解できるように、認識にズレが生じないように、図解と構造化をするのである。そのためには並べて書くだけで十分効果を発揮する。
　もしも選択肢を書き出せないのなら、議論が整理できていないことになる。方針を決めるような議論になったら、必ず選択肢を書き出してみることだ。
　ここでのポイントは、**あり得ない選択肢も意識して書いておくことだ**。先の例でいえば「ヒアリングはしない」がそれに当たる。そのうえで「この選択肢はあり得ないね」と全員で確認できれば、納得度が高まる。
　簡単なようだが、議論の真っ最中に選択肢を並べるのは、慣れるまでは案外難しい。そこで会議に出たら、自分のノートに選択肢を箇条書きしてみる訓練をする。100個のフレームワークを頭に入れるよりも、ずっと有効なはずだ。これができるようになってから、次を考えればよい。

## 構造化ツール2：「数直線」で時間軸を整理する

　横に一本、直線を引き、時間軸を示す方法だ。それだけだが、期間や時間の話をするときは、ほぼ必ず使う。具体例を見てみよう。
　例えば、プロジェクトの開始時期について打ち合わせをしたとき。こんな議論になった。

 実際の例

**Aさん**「来年の4月に中期経営計画を作り始めるんだ」

**Bさん**「そのなかに今回のプロジェクトの成果物を入れたいんだよね」

**Aさん**「今回のプロジェクトは3カ月くらいかけてやるのがいいかな？」

**Bさん**「調査に1カ月半はかけたいな」

**Cさん**「調査の段階でトップに報告しておいた方がいいと思うよ」

**Aさん**「プロジェクトメンバーを集めるのにも、数週間は確保しておいた方がいいかな」

**Cさん**「だとすると、何月からメンバーに声をかければいいのかな」

　何の変哲もない議論だが、口頭でのやり取りだけだと、何月に何をすればよいのか、よく分からない。無駄なく必要なことだけを議論していても、こんな感じだ。こうした時間軸の話は、数直線を一本引くだけで相当スッキリする（図36）。

　期間や時間の話になったら、真っ先に一本線（数直線）を引き、時間軸を示してしまう。そして議論しながら、各要素を書き足していく。それだ

**図36　数直線でスケジュールを示す**

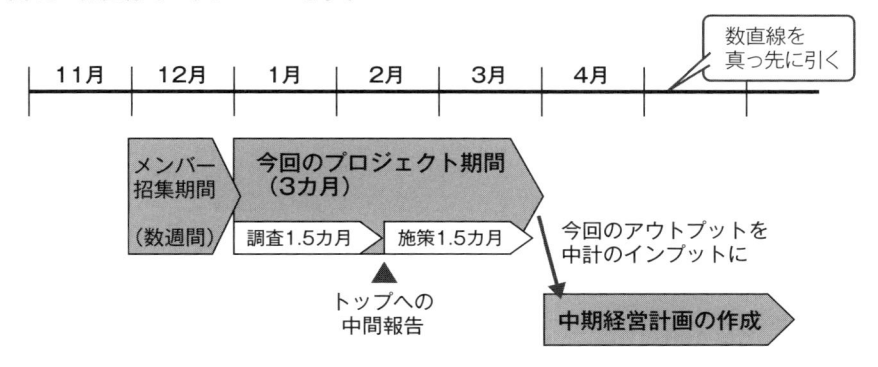

けでいい。これが立派な図解と構造化になる。

　ポイントは、**最初から完成形を描こうとはしないこと**。最初に一本線さえ書ければ、数直線をベースに議論が展開され、自然と完成形が作られる。

## 構造化ツール3：「スライダーバー」で加減を整理する

　先ほどと同じように横に一本、直線を引くだけだが、今度は「加減」の議論を図解と構造化する方法だ。例えば、「ウェブサイトに業務改革のノウハウを解説した記事を載せよう」という話になったとき、当社では実際にこんな議論が交わされた。

 実際の例

**Aさん**「ウェブサイトに載せる記事を作ろうと思うのですが、どのくらいの密度で、しっかり記事を書くのか、事前に確認しておきたいんです」
**Bさん**「その点を確認できていなかったね」
**Aさん**「一口に記事といっても、レベル感があるじゃないですか」
**Bさん**「あまりゴリゴリ書き上げる感じではないんだけど、でもライト過ぎても困るなあ」
**Aさん**「えーっと、最もライトな書き方がブログ形式だとして、逆に一番

図37　スライダーバーで加減を整理する（その1）

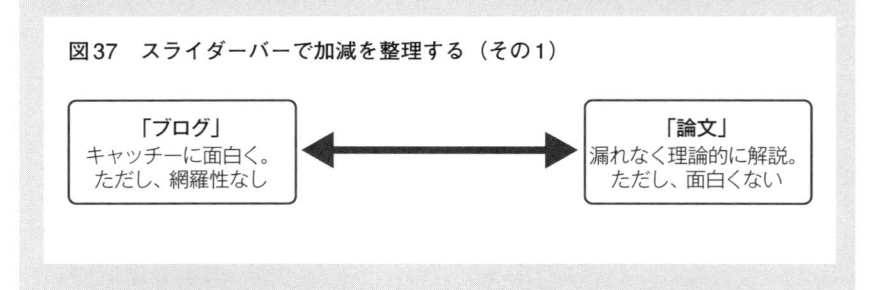

カッチリしたのが論文形式。こんな感じになりますかね。だとすると、どの辺りを目指すイメージですか？」

**Bさん**「なるほどね。両者の中間に講演形式とビジネス書形式というレベルもありそうだね。それも書き足してみるか。そうなると、今回狙うのはブログ形式と講演形式の間。この辺かな」

**Aさん**「講演とブログの間くらいのイメージなんですね」

**Bさん**「うん。ストーリーには乗せつつも、目を引くキーワードを散りばめて解説する感じかな」

**Aさん**「よく分かりました」

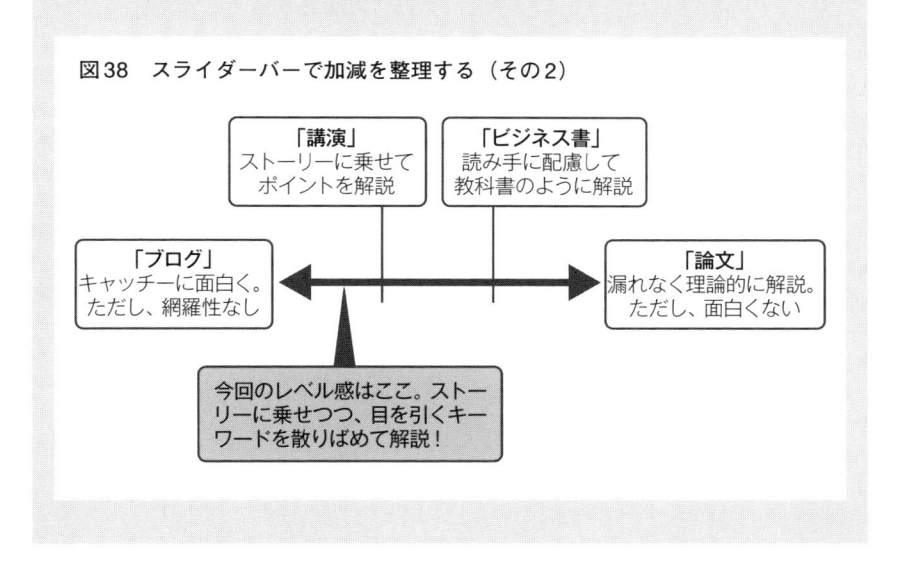

図38　スライダーバーで加減を整理する（その2）

横に一本の直線を引いてレベル感を示し、今回どこを狙うのか、加減の認識を合わせていく。これが会議に求められる図解と構造化だ。きれいに格好よく書く必要はない。目的は議論がしやすくなること、理解を合わせやすくなることだ（ここではブログと講演の違いは何かといった話は割愛する）。要は当事者間で理解が合えばよい。

0か1か。イエスかノーか。二者択一なら分かりやすくてよいが、加減の話は認識を合わせるのが難しい。にもかかわらず、日常の会議では加減の話になることが多い。そんなときはスライダーバーでの図解と構造化は有効である。曖昧になりがちな加減の認識を合わせやすくなる。

## 第8章の まとめ 会議で求められる図解と構造化は 簡単なものでよい

　ほかにも紹介したい図解と構造化の方法はたくさんある。だが会議で使うことを考えると、この3つで大部分はカバーできるはずだ。

　図解と構造化というと、教科書で習う有名なフレームワークや視覚的な表現方法をイメージしがちである。それはそれで有効なときもあるが、話がどんどん流れていく会議の最中に使いこなすのは至難の業だ。

　視覚的な表現は、資料をまとめるときに使えばいい。実は、資料をまとめるための図解と構造化と、会議で議論をさばくための図解と構造化は求められるものが異なる。

　そもそも会議は即興なので、短時間で書ける図解と構造化が必要だ。しかも議論を促進できる図解と構造化でなければならない。一方、資料作りは時間があるので、手の込んだ図解と構造化も可能だし、決まったことが的確に伝わる図解と構造化が必要になる。本質的に要求されることが違うのだ。

　紹介した3つの手法に難しいものはない。見栄えの良さなど気にしないこと。特別なセンスが必要なわけでもない。単に「書こうと思うか、思わないか」の違いだけ。3つのうち、どれか1つでも使えないかと、一瞬考える癖を付けたいものだ。

第 **9** 章

定着の4段サイクルと
浸透の6つのパターン

会議ファシリテーションの基本動作と応用編を解説し終えたところで、最後に会議ファシリテーションの手法を組織に定着させるヒントを述べたい。

　これまでも「会議の参加者としての始め方」「会議を仕切るリーダーの視点での始め方」に分けて説明してきた。ただ、それはどちらも始め方の話だった。

　会議ファシリテーションの考え方を組織にどうやって浸透させていき、定着させていくか。その方法を紹介したい。


## 定着の4段サイクルを回す

　そもそも、せっかく学んだものが組織に定着しないのはなぜか。研修や本で新しい手法を覚える機会は多いが、「自分のスキルとして身に付いていない」「実践に投入したいがハードルが高い」「学んだ内容は良かったが、何の変化も起こらなかった」といったケースがどれほど多いことか。誰にでも覚えがあるはずだ。

　これは**定着の4段サイクル**（図39）が回っていないことが原因だと考えられる。新しいスキルや方法論はこのサイクルが回ることで、徐々に組織内で市民権を獲得していく。言い換えると、4段サイクルが回るように工夫すれば、定着率を高められるというわけだ。中身を見てみよう。

**図39　定着の4段サイクル**

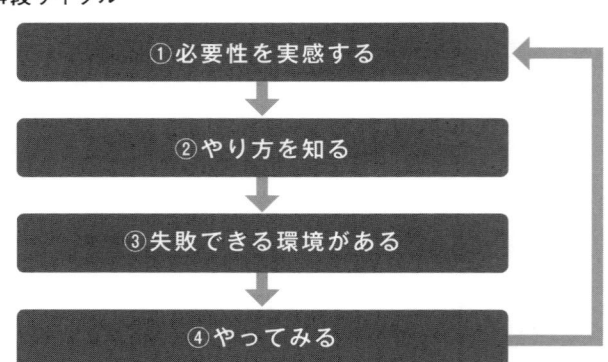

## 1. 必要性を実感する

　1段階目として非常に重要なのは、必要性を実感することである。「このやり方は本当に重要だな」「これはうまくいきそうだ」「このスキルを身に付けないとマズイぞ」など、その人の価値観が変わるほどの強烈な実感がないと、真剣に学ぼうとは思わない。強い危機感や貴重な成功体験と言い換えてもいい。これが全ての土台になる。

## 2. やり方を知る

　2段階目で体系的な知識とノウハウを学ぶ。必要性を実感し、知識を渇望するようになっていれば、劇的に学びが深くなる。

　研修や本で学んだことが定着しないのは、必要性の実感がないまま、やり方を知ることだけに注力しているからだ。人は必要に迫られない限り、学ばないし、変化を起こそうとは思わない。

## 3. 失敗できる環境がある

　やり方を学んだら、使いたくなる。使おうと思ったときに必要になるのが「失敗できる環境」である。これが3段階目だ。どれだけ必要性を実感し、やり方を学んでも、実際にやってみる段階に到達するまでには、周囲の目を乗り越えなければならない。

　長年変わり栄えのない会議に突然、新しいやり方を取り入れようとするのだから、普通の人なら誰しも尻込みしてしまう。だから失敗できる環境や新しいことにチャレンジするのが当たり前の環境を作る。

　こうした環境作りを軽視しているケースがあまりにも多い。研修でやり方だけ押し付けて、実践は個人の胆力に任せてしまっている会社がほとんどだ。これでは誰も試そうとしない。

## 4. やってみる

　1〜3がそろってようやく、4段階目の実際に「やってみる」にたどり着ける。それくらい、会社で新しいことを始めたり、変化を起こしたりす

るのは大変なことなのだ。

　そしてやってみると「やって良かった。継続してやった方がいい！」と思えて、必要性をますます実感できるようになる。こうして1段階目の「必要性を実感する」に戻り、このサイクルがどんどん回っていく。これが定着の4段サイクルを回すという意味である。

　どこかでサイクルが止まってしまうと、定着は望めない。特に「必要性を実感する」と「失敗できる環境がある」の段階が抜けている会社がとても多い。ここをいかに担保するかが、組織として浸透・定着させるためのポイントになる。

## 会議ファシリテーションを浸透させる6つのパターン

　定着の4段サイクルを踏まえ、**浸透の6つのパターン**を紹介しよう。

### パターン1：書籍を使って有力者を巻き込む（桃太郎の鬼退治方式）

　最も簡単に始められるのが「桃太郎の鬼退治方式」だ。世界で一番やさしい会議の教科書の読者からたくさん連絡をいただくが、この方法で会議ファシリテーションを広げている場合が最も多いようだ。

　世界で一番やさしい会議の教科書はファシリテーションの必要性を実感できるように、ビジネス小説仕立てで書いている。まずは会議の情景をリアルにイメージして、ファシリテーションの必要性を実感できないと意味がないので、最初はこの本から読むのがお勧めだ。そして普段一緒に会議をしている課長やリーダーなど、会議の進行者に同じ本を紹介する。

・「この本のように会議ができたら、すごいと思うんですが、どうですか？」
・「ウチの会議もこんなふうになったらいいなと思いませんか？」
・「この本で紹介されていることを試してみたいのですが、どれなら使えそうですか？」

こんな感じで上司に話を振り、最初から巻き込んでしまう。本の内容に共感してくれなかったり、そもそも本を読んでくれなかったりすればそれまでだが、もし共感してくれれば、新しいことを始めやすくなる。

本から必要性の実感を得て、有力者を巻き込むことで、失敗できる環境を整備する。最初から有力者を定着の4段サイクルに巻き込んでスタートさせるわけだ。

試しに基本動作からやってみる。すると何も知らないメンバーは「今日の会議は気持ち良かった」「スッキリした」と言ってくれるかもしれない。こうなると、ほかの参加者にも本を紹介しやすくなる。

「実はこの本を参考にして、会議をちょっと工夫してみたんだよ」と言えばいい。こうして「旅の仲間」が1人、2人と増えていく。これが桃太郎方式の名の由来である。

同時に、自分自身の必要性の実感が一層強化される。コツは、有力者から少しずつ巻き込んでいくことだ。「気負わず、試しにやってみよう。効果が出たらラッキー」くらいの軽い気持ちで始めよう。

## パターン2：放課後の勉強会で同志と共に活動する（サークル方式）

社内で有志を募り、業務時間外に勉強会（ワークショップ）を開く。通常の会議で隠れファシリテーターを試すチャンスがない、または有力者の共感を得るのが難しい場合もある。そんなときは業務から離れて活動してみる。

身近なメンバーが会議ファシリテーションに興味がなくても、社内を見渡せば、会議に不満を持っている人は必ずいる。ビジネスパーソンなら「ウチの会議に不満はない」という人の方が珍しいくらいだ。そういう人たちをどんどん巻き込んで、自主的に勉強会を始めてみる。

うまくいくかどうかは分からないが「まずは全員でやってみよう！」となることで、失敗できる環境を作りやすくなる。試してみた結果を持ち寄り、勉強会で話し合えば、独りのときよりもずっと必要性を実感しやすくなる。

表5　勉強会の目的とアジェンダ

【勉強会の目的】
会議ファシリテーションの概念を学び、実際の会議で生かせることがないかを探る。

【勉強会のアジェンダ】
1回目：キックオフ
　　　　・勉強会の主旨や進め方、グラウンドルールを確認する。
　　　　・本を読む宿題を出す。
2回目：本を読んだ感想をシェアする
　　　　・感想を話し合う際には、基本動作④議論の可視化を実践して、ホワイトボードにスクライブしてみる。
　　　　・挙がった意見を見ながら、今度は基本動作⑥全員から主張を引き出す、基本動作⑦対話を促し合意形成する、を実践して議論を深める。
　　　　・最後に次回の勉強会までに「自部署で試してみること」を決める。例えば、「会議でA3用紙にスクライブしてみる」「決まったこととやるべきことを確認してみる」などだ。
3回目：実践してみた感想を表明し合う
　　　　・やってみて、どう感じたか。周りの人の反応はどうだったか。うまくいったことや難しかったことは何かを、ざっくばらんに語り合う。基本動作④を忘れずに。
　　　　・そしてまた、次回の勉強会までに自部署で試してみることを決める。
4回目：実践してみた感想を表明し合う
5回目：以降4回目と同じ

## パターン3：一斉トレーニングをキッカケにする（ブートキャンプ方式）

　部門のトップや人事部門が会議改革に関心が高いなら、トレーニング（研修）をキッカケにする方法もある。会議ファシリテーションの方法を、1日トレーニングで学ぶ。そのときは注意点が3つある。

## （A）受講者は広く浅くではなく、狭く深く（集中）する

参加者は各部署から代表者を出してもらうのではなく、部課単位で全員に受けてもらう。なぜなら会議は通常、部課単位でするものだからだ。共通の価値観を持ったメンバーが増えれば増えるほど、会議ファシリテーションはしやすくなる。隠れファシリテーターも増える。失敗できる環境も整いやすい。

部署から代表者を出して、その人だけが研修を受け、各職場に戻ってから研修結果を広めてもらおうという考え方もある。だが広く浅くだと、会議のように長年組織に染みついた習慣を変えるケースではうまくいかない。特定の部署を丸ごと対象にするなど、狭い範囲のアプローチにして、集中的に変えていく方が成果を上げやすい。変化を起こすには、大きな熱量を一気に加えなければならない。

## （B）トレーニングは必要性の実感を優先する

トレーニングは理屈ではなく、必要性を実感できるものを選ぶ。単に論理ややり方を教えてもらえるだけの研修にはあまり価値がない。それなら本を読めばよいのだから。トレーニングを通じて必要性の実感が醸成されなければ、「今日はいい話が聞けたな」だけで終わってしまい、すぐに忘れる。

ファシリテーションの手本を見せたり、プチ演習で成功体験を積んでもらうなど、一方的にスキルや考え方を伝えるのではなく、必要性を実感できるように工夫する。

スキルを伝えるのが研修の目的ではない。変化のキッカケを生み出すことが、トレーニングの目的であると心得よう。

## （C）簡単なことが成功の鍵だと分かってもらう

必要性を実感してもらえれば、伝えるスキルはすぐに始められることだけでよい。簡単でなければ、明日から行動に移すことはできない。

ところが簡単なこと（例えば、決まったこととやるべきことを確認す

る）だけ伝えると、「そんなの、昔から知っているよ」という印象を持たれるかもしれない。知っていても実践できていないから会議がうまくいかないわけだが、多くの人はその事実を正しく理解できていない。

　研修の参加者はどうしても、キラキラとした初耳の「必殺技」を求めてくる。そこで伝え方を工夫する必要がある。簡単なものを「実践」できて初めて、会議は変わり始めると分かってもらう。この点に注意すれば、1日トレーニングでもそれなりの効果が得られる。

### パターン4：グラウンドルールを毎回確認する（刷り込み方式）

　パターン1の桃太郎方式やパターン2のサークル方式で仲間や同志が増えたら、グラウンドルールをテコにする方法が使える。第7章で会議のグラウンドルールの作り方は解説したが、グラウンドルールは作ったままではすぐに忘れられてしまう。会議室で、はがれかけた「会議のルール7カ条」なんてポスターを見かけたことがあるかもしれない。

　せっかくグラウンドルールを作っても、使われなければ何の意味もない。グラウンドルールをうまく利用して浸透と定着を促進するには、会議の最初と最後にグラウンドルールの確認をするのが効果的である。例えば、当社がよく作るグラウンドルールは以下のようなものだ。

---

**［会議中のグラウンドルールの例］**

1. 今日の終了条件とアジェンダを冒頭で示す
2. 発言は結論から
3. 年次や役職を気にせず発言する
4. モヤモヤを残さない
5. 時間を強烈に意識する
6. 何を議論するのか（論点）を明らかにしてから始める

：

---

　会議の冒頭でグラウンドルールに触れ、「いつものグラウンドルールですが、今日は特にどの項目を意識して会議に臨みますか？」と全員に振る。「Aさんはどうですか？」「うーん。3番かな」「なるほど、分かりました。Bさんはどうでしょう？久しぶりの参加ですよね？」「そうだな、4番かな」というやり取りを30秒ほどする。これだけでも意識が劇的に変わる。

　いくつもあるグラウンドルールから、あえて1つに絞って実践してみる。本人の口から「今日はこれを意識する」と宣言させるのがいい。全てのグラウンドルールを同時に意識するのは容易ではないが、1つだけなら何とかなる。必ずしも全員に確認する必要もない。久しぶりに会議に参加した人や、初めて参加する人、最近発言量が少ない人など、2〜3人を名指しして最初に宣言してもらう。

　これで「今日はこういうことに気をつけないとダメだな」「さっき4番を宣言したから、モヤモヤしていることを話してしまおう」という思考が生まれる。心理学的には「認知的不協和」と呼ばれているのだが、行動の一貫性を保とうとする動きが生まれる。そして会議の終わりに、次の会議に向けたグラウンドルールを確認すれば、適正な会議の準備を促すことができる。

---

**［次の会議に向けたグラウンドルール］**

1. 会議の3日前までに、終了条件とアジェンダを共有する
2. 会議の1日前までに、資料を共有する
3. ファシリテーターとスクライバーを決めておく
4. 時間配分を決めておく

　　　　　　　　⋮

---

　「次回に向けて、最近1番がおろそかになっていると思います。徹底をお願いします」と伝える。やがて、いちいちグラウンドルールを確認しな

くても、自然にできるようになってくる。そして当たり前のこととして組織に定着していくのである。

## パターン5：プロジェクトに会議ファシリテーションを取り入れる（経済特区方式）

　実際のプロジェクトを「ファシリテーション特区」に指定し、全面的にチャレンジを推奨する。例えば、部内の業務改善プロジェクトだったり、ペーパーレスの推進プロジェクトだったり、新商品開発プロジェクトだったり、何でもいい。何かはっきりとしたゴールが設定されていて、かつ、本業に密接に関わるテーマを取り扱うプロジェクトがベストだ。社員旅行計画のプロジェクトでもいいのだが、テーマが本業と全然関係ないと緊張感がなくなる。

　そして、「このプロジェクトだけは会議ファシリテーションを全面的に取り入れる」と宣言する。そうすると、このプロジェクトでは会議ファシリテーションをするのが当たり前という環境を作ることができる。「やっても、やらなくてもいい」ではなく、「やるのが当たり前」の状態に仕立て上げてしまうのだ。

　重要なのは、ファシリテーション経験があるメンバーが1〜2人、お手本としてプロジェクトに加わることだ。社内に適任者がいなければ、外部のコンサルタントを短期的に雇ってもいい。

　最初は先生役のファシリテーターが手本を見せることで、メンバーから「ああ、何か良さそう」「確かに効果があるな」という感覚を引き出す。必要性の実感だ。

　そうなったら頃合いを見て、ファシリテーションスキルを伝える。やり方を知るのである。そのプロジェクトでは会議ファシリテーションをやるのが当たり前という雰囲気になっているので、失敗できる環境はバッチリ整っている。自然にやってみるにたどり着く。

　もちろん、やってみるとうまくいかないことがある。最初は誰もうまくいかない。けれども先生役が傍らにいるので、リアルタイムでお手本を示

してもらったり、アドバイスを受けたりすればよい。

　そうなると必要性の実感も得やすくなって、定着の4段サイクルが回るようになる。こんなふうに先生役や経験者が現場に入ると、定着の4段サイクルが圧倒的に回りやすくなる。

　さらに、会議ファシリテーションを導入することにトップの承認を取り付けて、しっかりと後押ししてもらうと推進力が増す。会社として推奨されている、チャレンジを求められていると思えれば、心理的な安心感は全く違ってくる。モデルプロジェクトとして、全社に広報することもできる。

　会議に不満を持っている人は社内に山ほどいるはずなので、注目が集まる。社内の関心が高まれば、プロジェクトに参加しているメンバーは会議ファシリテーションに本気で挑戦するようになるだろう。

　こうして会議ファシリテーションが当たり前になってしまうと、もう元には戻れない。プロジェクトメンバーは、プロジェクトの外でもファシリテーションをするようになる。

　例えば、住友生命保険は約3万台の営業用タブレットを一斉更新するビッグプロジェクトで会議ファシリテーションを全面的に取り入れた。外部からファシリテーションを強みとするコンサルタントを呼び入れ、半年間プロジェクトに常駐させた。その結果、2カ月もしないうちに、プロジェクトメンバー自身がファシリテーションスキルを使いこなし、「ファシリテーションをしないなんて、もはや考えられない」という状態を作れたのである。

　会議ファシリテーションが当たり前になったメンバーは徐々に、プロジェクト以外の会議でもファシリテーションするようになり、じわじわと全社にファシリテーションの文化が広がり始めている。

## パターン6：社員の基礎スキルと位置づける（国策方式）

　会社として、会議ファシリテーションの習得を全面に押し出すやり方だ。全社員に求める例外なしのスキルと定義し、新入社員からベテランまで、ファシリテーション研修を必須にする。新人は最初の基礎研修メ

ニューに入れてしまえば、手っ取り早い。

　研修に力を入れるだけでなく、会社公認のエバンジェリスト（伝道師）を擁立すると、さらに効果的だ。ファシリテーションの伝道師を認定してしまおう。

　エバンジェリストの役割はファシリテーションを浸透させる広告塔というだけでなく、実際に会議で困っていることがあれば相談に乗ったり、ほかの部署の会議に交じって会議ファシリテーションをしてみせたり、社内の専門家としての機能を担う。

　相談窓口があると社員には心強いし、会社としての本気度も示せる。これにはトップや人事部門の覚悟が必要だ。例えば、ヤフーは会議ファシリテーションのエバンジェリスト制度を取り入れている。しかもエバンジェリストが複数人いるのだ（ヤフーには会議ファシリテーション以外にも、様々なエバンジェリストがいる）。

　エバンジェリストに認定されたからといって、特別な待遇が用意されているわけではない。だがエバンジェリストも自分の能力を伸ばせるし、会社や同僚の役に立つ、貢献しているという誇りを「報酬」として得られ、頑張れる。

## とにかく定着の４段サイクルを回せ

　浸透の６つのパターンを紹介したが、最も確実で効果があるのは、プロジェクトに会議ファシリテーションを全面的に取り入れる、パターン５の経済特区方式ではないかと思う。効果が出るまでの時間が短いし、その後の減衰も少なく、一番バランスがいい。

　一斉トレーニングとグラウンドルールを両方やるなど、複数のパターンを組み合わせるのが有効な場合もある。

　ここまで紹介してきた定着パターンは、会議ファシリテーションの浸透に限った話ではない。新しいスキルや習慣は何でも、定着の４段サイクルが回らないと組織に根づかない。必要性を実感でき、どう使うと効果的なのかを理解できて、ようやく自発的に行動しようと思えるようになる。やり方や方法論だけを独り歩きさせてはいけない。

　「なぜこのやり方が大事なのか」という価値観の部分もセットで伝えていく必要がある。そうしなければ、本質を理解しないまま、上っ面だけをまねしてしまう。すると「使えない方法論だ」というダメな烙印が押されてしまい、意味のない作業だけが現場に残る。常に定着の４段サイクルを回すことを頭に置いてほしい。

# ファシリテーション型会議は時間がかかるのか？

変革のジレンマなのだが、会議を良くしようとすると一時的に混乱が生じて、逆に非効率になったように思えるときがある。これは**会議ステージの4段階モデル**という考え方で説明できるので解説しておきたい。

会議をステップアップさせようとすると必ず、4つのステージを通る。タックマンが提唱したチームビルディングの4段モデルに似ている。そのため、会議ステージの「タックマンモデル」とも呼ばれている。

### ステージ1：形成期（停滞・無関心）

通常は、参加者のなかで最も役職が高い人が司会者になる。司会者（上司）だけがしゃべって、会議はおしまい。時間は短くて済むが議論の質は低く、対話もないので、参加者間の相乗効果は生まれない。

司会者が優秀なら、ある程度はアウトプットの質を保てるが、参加者はどうしても受け身で様子見状態になる。上意下達型の会議といえる。

### ステージ2：混乱期（無秩序・利己的）

参加者は活発に発言するものの、場は混沌としている。参加者の発言は個人の利害に立脚しており、自分の意見を押し通そうとする。時間がかかるうえに、議論の質も低い。議論において「A案か、B案か」という勝ち負けが生まれる。

### ステージ3：試行期（仮の秩序・利他的）

一定の方法論に乗って、会議を進めようとする。会議のゴールを決めたり、意見をまとめようとしたりするが、新しいやり方にみんな慣れていないため、場合よっては一層時間がかかることがある。

ただし、議論の質は上がり始める。個人の利害ではなく、会議の場をよ

り有意義なものにしようという意識は働きやすい。会議はディベート（討議）ではなく、ダイアログ（対話）であるという価値観が根づき始める。対話のなかでは、A案とB案の折衷案を探せるようになるので、より良いC案が生まれやすい。

### ステージ4：浸透期（秩序の最適化・チーム的）

　方法論が定着し、終了条件の設定や発言の仕方、まとめ方にも慣れて、スムーズに会議ファシリテーションをこなせるようになる。参加者の半数以上がファシリテーションスキルを身に付けている。

　議論の終了条件を満たすため、個人の利害から離れた発言が自然に出てくる。建設的な対話をベースにして、A案とB案からより良いC案が生まれる確率が高まり、いよいよ相乗効果が発揮される。時間も短くて済み、議論の質は高くなるので言うことなしだ。

　どんな組織の会議でも、ステージ1から始まって、最後にステージ4に至る。ステージ1は上意下達なので時間が短く効率的に見えるが、参加者の主体性は発揮されない。そのステージを抜け出し、みんなで新しいこと

**図40　会議ステージの４段階モデルとかかる時間**

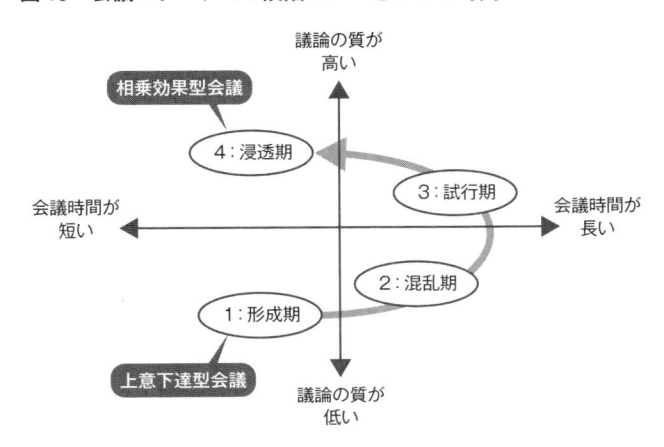

をやろうとすると、ステージ2や3に上がる。ステージ1より時間がかかるようになるので一見、非効率になったように見えるかもしれないが、実は会議の質は確実に上がっている。これを乗り越えた先に、本当の意味で相乗効果が発揮されるステージ4が待っている。

　つまり、ステージ3の試行期の壁を乗り越えるのが1つの山場となる。各ステージと時間の関係を示すと、図40のようになる。

　ステージ2と3に進むと、一時的に会議が非効率になるものだとあらかじめ知っておくと、途中でくじけずに壁を乗り越えやすくなる。

　また、上意下達型の会議を完全否定するわけではない。時と場合によって、相乗効果を生みやすいファシリテーション型会議と使い分けられるのが理想的だ。

## おわりに

　私の本業は企業の変革プロジェクトを支援することである。例えば、20年ぶりの基幹システム刷新、次世代の柱となる新サービスの立ち上げ、グループ横断の経営計画の策定およびIT戦略の立案、組織横断の抜本的な業務改革などだ。

　こうした重たいプロジェクトを山ほどサポートしていくなかで、打ち合わせや会議の技術、つまりファシリテーションスキルを磨き、必要に迫られてノウハウを蓄積してきた。というのも、打ち合わせの質がプロジェクトの質に直結すると痛感しているからだ。プロジェクトを成功させるためには、打ち合わせの質を上げることが必須だった。

　現場の人たちが置かれた状況は実に様々で、まさに千差万別といえる。しかし、どんな状況にも共通して押さえておくべきことがある。そのことに気づかされた。

　それを整理したのが、本書の肝である「会議ファシリテーションの8つの基本動作」である。さらに応用編として、「ファシリテーターの7つの心構え」と、会議における「よくある18の困り事」への対策を示した。すぐに始められる簡単な「3つの構造化ツール」も紹介した。個別の事情や条件が異なる現場にも対応できるように工夫したつもりだ。

　最初に会議ファシリテーションの原理・原則を押さえ、あとは状況に合わせて自分なりにアレンジを加える。会社ごとに違った会議ファシリテーションがあっていい。そうしてようやく、会議が良くなったと誰もが実感できるようになる。

　本書の基になったのは『日経情報ストラテジー』（2017年6月に休刊）に私が連載していた「グダグダ会議をなくせ」や、同誌の総力特集「2020年の上司力」、同じく特集「グダグダ会議撲滅作戦」などである。同誌主催のセミナーでは直接、会議ファシリテーションについて話をする機会も得た。最近は講演の機会も急増している。

　ありがたいことに、多くの企業から指名されて、研修などに出向く頻度

が増えている。それだけ多くの企業が「会議を何とかしたい」と思っているということだ。

　私に会議ファシリテーションの大切さを訴える場を提供してくれた、日経情報ストラテジーの小林暢子編集長と川又英紀副編集長（ともに当時）に感謝したい。2人の「会議の常識を変えたい！」という情熱がなかったら、『世界で一番やさしい会議の教科書』は生まれなかった。

## ファシリテーションはやるか、やらないかの違いだけ

　会議ファシリテーションの一つひとつの基本動作は決して難しくない。私はファシリテーションに特別な才能は要らないと思っている。

　押さえるべきことを知っているか、知らないか。やるべきことをきっちりとやっているか、やらずにサボっているか。それだけの違いだ。

　会議ファシリテーションは特別なスキルではなく、習慣であり、文化であるといってもいい。これまで脈々と続いてきた会議の悪しき習慣を断ち切り、新しい会議文化を築き上げてほしい。

　会議が変われば、組織のコミュニケーションは根っこから変わる。コミュニケーションが変われば、一人ひとりの働き方が変わり、会社が変わる。もしかしたら、関わる人の人生まで変わるかもしれない。それくらい、会議ファシリテーションは大きな可能性を秘めていると思う。

　本書と前著『世界で一番やさしい会議の教科書』の2冊を通じて、会議ファシリテーションの大切な部分は伝えられたと思う。2つの本をキッカケに、あなたが何か1つでも行動と変化を起こしてくれたら、本当にうれしい。

　さらに、当社のウェブサイト（https://www.ctp.co.jp/style/facilitation/）にもいくつかのコンテンツを用意した。ファシリテーション会議のスナップ写真やスクライブのサンプル画像、グラウンドルールの画像、Icebreakerのネタ集、Prepシートの電子版など、本書では取り上げきれなかったものを掲載している。「ケンブリッジ　ファシリテーション」でネット検索

してもらうとよいだろう。

　2冊の本とウェブコンテンツだけでは不十分なら、私に直接相談してもらって構わない。私にできることなら協力を惜しまないつもりだ。本の感想などもいただけるとうれしい。宛先は「henkakuya@ml.ctp.co.jp」。

　この数年で「会議が変わった！」という報告をたくさんいただいた。あなたの同志は全国にたくさんいる。そして「やれば変わる」ことは、彼ら彼女らが既に証明してくれている。

　さて、退屈な3万時間の会議からあなたが抜け出せるかどうか。私がやれることは全力でやった。あとはあなた次第だ。健闘を祈る。

2018年5月　榊巻 亮

## 榊巻 亮（さかまき・りょう）

ケンブリッジ・テクノロジー・パートナーズ
ディレクター

大学卒業後、大和ハウス工業に入社。住宅の設計業務に従事すると同時に、業務改善活動に携わり、改革をやり遂げる大変さ、現場を巻き込み納得感を引き出すことの大事さを痛感する。ケンブリッジ入社後は「現場を変えられるコンサルタント」を目指し、金融・通信・運送など幅広い業界で業務改革プロジェクトに参画。新サービス立ち上げプロジェクトや、人材育成を重視したプロジェクトなども数多く支援。ファシリテーションを活かした納得感のあるプロジェクト推進を得意としている。一級建築士。主な著書に『業務改革の教科書』（日本経済新聞出版社）、『世界で一番やさしい会議の教科書』『抵抗勢力との向き合い方』（ともに日経 BP 社）。ビジネス誌での連載や寄稿に加え、講演やセミナーなどの活動も行っている。

---

＊ケンブリッジ・テクノロジー・パートナーズは、企業変革のための新たなビジネスモデルの検討から、業務改革、そして IT 導入までファシリテートするコンサルティング会社。独自のプロジェクト方法論とカルチャーを競争力の源泉として、花王、住友電装、日野自動車などの優良企業から高く評価されている。

---

## 世界で一番やさしい会議の教科書 実践編

| | | |
|---|---|---|
| 2018年 5月 1日 | 初版第 1 刷発行 | |
| 2019年11月19日 | 第 2 刷発行 | |

|  |  |
|---|---|
| 著者 | 榊巻 亮 |
| 発行者 | 望月 洋介 |
| 発行 | 日経BP社 |
| 発売 | 日経BPマーケティング |
| | 〒105-8308　東京都港区虎ノ門 4-3-12 |
| 装丁 | 松川 直也（日経BPコンサルティング） |
| 制作 | 日経BPコンサルティング |
| 印刷・製本 | 大日本印刷株式会社 |

---

©Ryo Sakamaki 2018 Printed in Japan
ISBN978-4-8222-5722-4